国家能源集团"煤炭清洁高效利用"
——2030重大先导项目

碳中和下中国能源转型
与煤炭清洁高效利用丛书

碳中和
与中国能源转型

Carbon Neutrality
and
China's Energy Transition

陈诗一
李志青   编著
胡时霖

化学工业出版社
·北京·

内容简介

本书对我国能源消费的历史和现状进行了全面梳理，分析了我国能源消费的演变规律和影响因素，通过构建中国中长期能源转型与碳排放定量分析模型，分情景对工业、建筑、交通和电力部门中长期能源消费总量与结构进行了展望分析，提出了碳达峰碳中和背景下我国中长期能源结构优化的目标、路径及相关对策建议。

本书从能源转型方面探讨了碳达峰碳中和的实现路径，希望能为我国实现"30·60双碳"目标提供有益的决策参考。本书可供对碳达峰碳中和政策及其背景下我国能源转型研究感兴趣的相关行业从业者以及相关专业院校师生参考。

图书在版编目（CIP）数据

碳中和与中国能源转型/陈诗一，李志青，胡时霖编著.—北京：化学工业出版社，2023.4
（碳中和下中国能源转型与煤炭清洁高效利用丛书）
ISBN 978-7-122-42921-6

Ⅰ.①碳… Ⅱ.①陈…②李…③胡… Ⅲ.①能源经济-研究-中国 Ⅳ.①F426.2

中国国家版本馆CIP数据核字（2023）第022108号

责任编辑：冉海滢　刘　军
责任校对：李　爽
装帧设计：王晓宇

出版发行：化学工业出版社
　　　　　（北京市东城区青年湖南街13号　邮政编码100011）
印　　装：中煤（北京）印务有限公司
710mm×1000mm　1/16　印张14　字数206千字
2023年8月北京第1版第1次印刷

购书咨询：010-64518888　　售后服务：010-64518899
网　　址：http://www.cip.com.cn
凡购买本书，如有缺损质量问题，本社销售中心负责调换。

定　　价：99.00元　　　　　　　　　　版权所有　违者必究

碳中和下中国能源转型与煤炭清洁高效利用丛书

丛书编委会名单

主　任　　孙宝东　蒋文化

副主任　　王雪莲　李瑞峰　李全生　倪　炜

顾　问　　戴彦德　胡秀莲　丁日佳　刘　宇　柴麟敏

委　员　　（按姓氏汉语拼音排序）
　　　　　　蔡　斌　陈诗一　陈　语　冯晟昊　胡时霖
　　　　　　姜大霖　蒋文化　赖业宁　李　锴　李全生
　　　　　　李瑞峰　李　杨　李志青　林伯强　林圣华
　　　　　　毛亚林　倪　炜　聂立功　宁成浩　彭秀健
　　　　　　齐绍洲　孙宝东　谭秀杰　王　雷　王雪莲
　　　　　　魏　宁　吴　璘　吴　微　于　淼　张继宏
　　　　　　张　凯　张　勇　朱吉茂

丛书序
FOREWORD

气候变化是 21 世纪全球面临的最严重挑战之一。推动实现碳中和,即二氧化碳净零排放,是减缓气候变化的唯一途径。2020 年 9 月 22 日,习近平主席在第七十五届联合国大会一般性辩论上发表讲话,"中国将提高国家自主贡献力度,采取更加有力的政策和措施,二氧化碳排放力争于 2030 年前达到峰值,努力争取 2060 年前实现碳中和",这是我国在应对气候变化背景下许下的重要承诺,既是积极承担大国责任的行为,也给经济社会低碳转型发展提出了新的要求。能源结构调整是实现碳中和目标的重要内涵。然而,当前我国以煤炭为主的能源结构在短期内难以根本改变,如何在保障经济发展的同时,平稳、快速实现能源转型是当前我国完成碳中和目标需要解决的关键问题。

煤基能源是经济社会发展的重要物质基础,也是碳排放的主要来源,能源行业的健康发展关乎国家资源、环境和经济社会可持续发展。在碳达峰、碳中和目标下,煤基能源在能源系统中承担怎样的角色,煤基能源产业如何有序低碳转型发展?诸此种种,都是我国能源行业高质量发展必须直面解决的重大战略问题。考虑到我国发展阶段特点与富煤、贫油、少气的资源禀赋条件,能源兜底保障责任必然要落到煤炭、煤电身上，这不是权宜之计，是由国情能情决定的必然选择，也是我国能源安全战略的重要组成部分。在国际气候协议约束及国内环保压力下，统筹能源安全、民生保障、成本代价与低碳转型的关系，促进能源、经济、社会、环境协调发展，对我国经济安全和能源企业发展都是巨大挑战。当前，煤基能源产业正步入高质量发展加速期和低碳转型关键路口，十分有必要对新形势下的我国能源中长期转型路径及煤炭、煤电的低碳转型方向作出研判，为我国能源结构优化升级和国家能源安全保障提供相关决策参考。

以煤炭为主体的能源资源禀赋条件，决定了我国实现经济社会持续发展的能源电力稳定供应必须立足国情能情、"做好煤炭这篇大文章"。"煤炭清洁高效利用2030重大项目"是国家面向2030年部署的17个重大项目之一。国家能源投资集团有限责任公司（以下简称"国家能源集团"）在"煤炭清洁高效利用2030重大项目先导项目"框架下立项开展"国家中长期碳减排路径与能源结构优化战略研究"，旨在研判全球能源系统转型的基本趋势及其不确定性，全面评估煤炭清洁高效利用在能源系统转型中的角色和作用，提出我国中长期能源转型路径方案并为国家制定气候变化战略规划提供支撑，以及为未来启动和推进国家"煤炭清洁高效利用2030重大项目"奠定相关研究基础。

该项目由国家能源集团技术经济研究院牵头实施，联合中国科学院武汉岩土力学研究所、中国科学院科技战略咨询研究院、南瑞集团有限公司、武汉大学、复旦大学、厦门大学以及澳大利亚维多利亚大学政策研究中心（CoPS）等多家国内外机构开展了为期3年的跨学科、跨领域协同攻关。项目基于"全球气候治理—我国能源转型—煤基产业发展"的研究逻辑，系统分析全球气候治理的方案及机制，定量刻画了我国能源转型的演变规律和影响因素，综合评估CCUS技术嵌入煤基能源产业优化发展的综合成本效益。厘清碳中和背景下我国中长期煤基能源发展的目标和优化路径,科学测算 CCUS 技术在中国能源低碳转型战略中的定位和贡献,以期为煤基能源产业低碳高质量发展、煤炭与新能源优化组合战略的实施提供战略支撑和方向引领。

  基于项目成果,形成本系列丛书。希望可以为煤炭清洁高效利用相关的理论和实践研究提供研究基础,为国家煤基能源产业发展提出有效建议,为煤炭、电力等行业制定可持续发展战略提供成果支持,为大型综合能源企业制定产业转型升级发展战略提供决策支撑。

  借此机会,向为项目研究和丛书出版工作做出努力的研究者和编者表示诚挚的感谢!不足之处,还请专家同行批评指正!

孙宝东

2023 年 5 月

前言 PREFACE

气候变化是 21 世纪人类面临的重大挑战之一，大量研究表明，人类活动可显著影响气候变化。20 世纪以来全球呈现能源使用加速趋势，人类生产和消费活动所消耗的能源规模大幅度上升。我国是全球最大的能源生产国与消费国，能源供应部门是我国最大的温室气体排放部门。

为应对全球气候变暖给人类经济和社会带来的不利影响，2015 年联合国气候变化大会上，近 200 个缔约方一致同意通过《巴黎协定》。在总体目标上，缔约方一致同意把全球平均气温升幅控制在工业化前水平以上 2℃之内，并努力将气温升幅限制在工业化前水平以上 1.5℃之内。2018 年 IPCC（联合国政府间气候变化专门委员会）在《IPCC 全球升温 1.5℃特别报告》中再一次强调了本世纪气温升幅控制在 1.5℃以下的重要性，为实现本世纪温控目标，全球有必要在 2040～2055 年达到净零排放。

在全球通力合作应对气候变化的大背景下，2020 年 9 月 22 日，在《巴黎协定》签署五周年之际，习近平主席在第七十五届联合国大会一般性辩论上发表讲话："中国将提高国家自主贡献力度，采取更加有力的政策和措施，二氧化碳排放力争于 2030 年前达到峰值,努力争取 2060 年前实现碳中和。"在具体措施方面,我国政府正不断强化顶层设计,把碳达峰碳中和纳入生态文明建设整体布局。目前已成立碳达峰碳中和工作领导小组,正在制定碳达峰碳中和时间表与路线图,顶层设计"1+N 政策体系"将陆续发布指导意见。

在实现碳达峰碳中和目标的中长期发展背景下,本书通过情景分析研究了我国能源系统转型的不同发展路径,综合考虑我国经济规模、发展阶段、产业结构升级与转型、技术进步、环境气候约束等因素,展望未来不同时期可能的能源消费量与二氧化碳排放量,以期提出可供参考的我国能源转型与能源结构优化方案。

本书包括 11 章内容。第 1 章从气候变化的成因与影响出发,梳理了我国碳中和政策与能源转型要求的演进,并提出了碳中和背景下我国能源转型可能面临的挑战与机遇。第 2 章归纳总结了我国能源消费规模和结构的演变规律,并对能源消费的影响因素进行了分析。第 3 章介绍了对于我国能源转型展望分析的总体思路框架、方法和模型,并对 2020～2060 年我国的能源消费量与二氧化碳排放量进行了展望分析。第 4 章则在数据分析的基础上,提出我国能源转型的基本原则、目标、方案和重点方向。第 5 章进一步从能源供给、金融支持、风险防范等维度提出了相关政策建议。第 6～9 章分别对工业、建筑、交通和电力部门到 2060 年的能源消费量与消费结构进行了展望,并在对各领域政策导向和技术发展趋势进行判断的基础上,分析了部门的能源结构优化发展目标及其实现路径,提出了相应的政策措施。第 10 章则是基于不同的能源品种,对我国中长期能源转型进行了分析。第 11 章从区域研究的视角,聚焦长三角碳中和发展现状,构建了评估指标体系并进行了评估分析。

本书在编写过程中得到了国家能源集团、武汉大学、厦门大学等丛书编写单位，以及经济、能源、环境等领域相关政府部门和研究机构领导及专家的支持和指导，在此表示衷心感谢！同时，邵帅、吴超、刘瀚斌、石庆玲、陈登科、谢振、宋志永、卢郁霖、董启晨、王畅、于鸿宝、全禹澄、沈宜菁、尹彬昕等也对本书的编写提供了帮助，在此表示衷心感谢！

当前我国已经步入新的发展阶段，我国发展内外环境发生深刻变化，特别是在"30·60双碳"目标背景下，我国以及全球的经济结构、产业结构、能源结构、消费结构、技术水平、生活方式等都在发生深刻变化。因此，本书对于我国不同时期各行业发展变化的判断和表述难免有不妥和疏漏之处，请广大读者朋友批评指正。

编著者

2023 年 1 月

目录

第 1 章 碳中和与能源转型：源起与内涵 — 001

1.1 气候变化与碳中和 — 002
1.1.1 气候变化及其影响 — 002
1.1.2 国际气候变化应对及碳中和的提出 — 006

1.2 碳中和与能源转型 — 010
1.2.1 中国碳中和政策演进与能源转型要求 — 010
1.2.2 中国中长期能源发展的形势研判 — 016

1.3 碳中和背景下中国能源转型的挑战与机遇 — 017
1.3.1 挑战分析 — 018
1.3.2 机遇分析 — 021

第 2 章 中国能源消费的演变规律及影响因素分析 — 025

2.1 能源消费规模及结构的现状分析 — 026
2.1.1 能源消费规模演变 — 026
2.1.2 能源消费结构演变 — 027

2.2 能源消费的影响因素 — 029
2.2.1 经济发展 — 029
2.2.2 技术进步 — 034
2.2.3 能源安全 — 037
2.2.4 约束政策 — 041
2.2.5 电力能源消费的影响因素 — 042

2.3 能源消费影响因素测算 — 042

第 3 章　碳中和背景下能源结构与碳排放的情景展望分析　049

- 3.1 分析框架　050
- 3.2 模型方法及情景展望分析思路　050
  - 3.2.1 模型方法　050
  - 3.2.2 模型分析框架　051
  - 3.2.3 情景设置　052
- 3.3 终端能源消费展望结果分析　053
- 3.4 一次能源消费展望结果分析　057
  - 3.4.1 总量分析　057
  - 3.4.2 结构分析　058
- 3.5 二氧化碳排放展望结果分析　062
  - 3.5.1 分部门二氧化碳排放展望　062
  - 3.5.2 二氧化碳排放总量展望　063

第 4 章　中国能源转型的总体框架　065

- 4.1 基本原则　066
- 4.2 主要目标　066
- 4.3 方案设计　067
- 4.4 中国能源转型中应重点把握的若干方向　070
  - 4.4.1 对能源结构的影响　070
  - 4.4.2 对产业结构的影响　070
  - 4.4.3 发挥技术创新优势形成绿色新动能　071

第 5 章　中国中长期能源转型的保障措施　073

- 5.1 能源供给侧改革助力能源结构优化　074
  - 5.1.1 加快能源绿色低碳转型　074
  - 5.1.2 构建智慧高效能源系统　074

  5.1.3 增强能源安全保障能力 075
  5.1.4 推动能源体制绿色转型 075

5.2 发展绿色金融助力能源结构优化 076
  5.2.1 碳中和背景下的绿色金融发展现状 076
  5.2.2 碳中和背景下的能源转型投资机会巨大 080
  5.2.3 助力能源结构优化的绿色金融市场工具 081
  5.2.4 发展绿色金融助力能源结构优化的政策建议 086

5.3 强化风险防范助力能源结构优化 089
  5.3.1 气候变化风险 089
  5.3.2 金融风险 089

第 6 章　工业部门能源结构优化路径研究　093

6.1 工业部门发展现状 094

6.2 工业部门中长期发展趋势展望分析 096
  6.2.1 工业主要产品产量 096
  6.2.2 工业主要产品能耗 104

6.3 工业部门能源消费总量与结构展望分析 109
  6.3.1 工业部门能源消费结构 109
  6.3.2 工业部门能源消费总量 110

6.4 工业部门能源结构优化的目标与路径 111

6.5 工业部门能源结构优化的对策 114
  6.5.1 钢铁行业 114
  6.5.2 水泥行业 116
  6.5.3 有色金属（铝）行业 117
  6.5.4 化工行业 117

第 7 章　建筑部门能源结构优化路径研究　119

7.1 建筑部门发展现状 120

7.2 建筑部门中长期发展趋势展望分析 121
  7.2.1 建筑面积 121

	7.2.2 单位建筑能耗	125
7.3	建筑部门能源消费总量与结构展望分析	127
	7.3.1 建筑部门能源消费结构	127
	7.3.2 建筑部门能源消费总量	128
7.4	建筑部门能源结构优化的目标与路径	130
7.5	建筑部门能源结构优化的对策	133

第 8 章 交通部门能源结构优化路径研究　　137

8.1	交通部门发展现状	138
8.2	交通部门中长期发展趋势展望分析	139
	8.2.1 交通运输需求及结构	139
	8.2.2 交通运输能耗强度	144
8.3	交通部门能源消费总量与结构展望分析	146
	8.3.1 交通部门能源消费结构	146
	8.3.2 交通部门能源消费总量	147
8.4	交通部门能源结构优化的目标与路径	149
8.5	交通部门能源结构优化的对策	152

第 9 章 电力部门能源结构优化路径研究　　155

9.1	电力部门发展现状	156
9.2	电力部门中长期发展趋势展望分析	157
	9.2.1 发电量	157
	9.2.2 发电结构	159
	9.2.3 发电效率	161
9.3	电力部门能源消费总量展望分析	162
9.4	电力部门能源结构优化的目标与路径	163
9.5	电力部门能源结构优化的对策	165

第 10 章　基于能源品种的能源转型分析　　169

10.1　煤炭消费　　170
- 10.1.1　工业部门煤炭消费及占比　　171
- 10.1.2　建筑部门煤炭消费及占比　　172
- 10.1.3　终端煤炭消费及占比　　173
- 10.1.4　电力部门煤炭消费及占比　　174
- 10.1.5　煤炭消费总量及占比　　175
- 10.1.6　碳排放约束下煤炭行业优化发展分析　　176

10.2　非化石能源消费　　178
- 10.2.1　工业部门非化石能源消费及占比　　178
- 10.2.2　建筑部门非化石能源消费及占比　　179
- 10.2.3　交通部门非化石能源消费及占比　　180
- 10.2.4　电力部门非化石能源消费及占比　　181
- 10.2.5　非化石能源消费总量及占比　　182

第 11 章　区域碳中和发展评估　　185

- 11.1　长三角城市零碳发展评估指标框架　　186
- 11.2　长三角城市零碳发展水平评估结果　　189
- 11.3　长三角城市零碳发展评估结果分析　　192
- 11.4　长三角城市零碳发展评估结论　　198

参考文献　　200

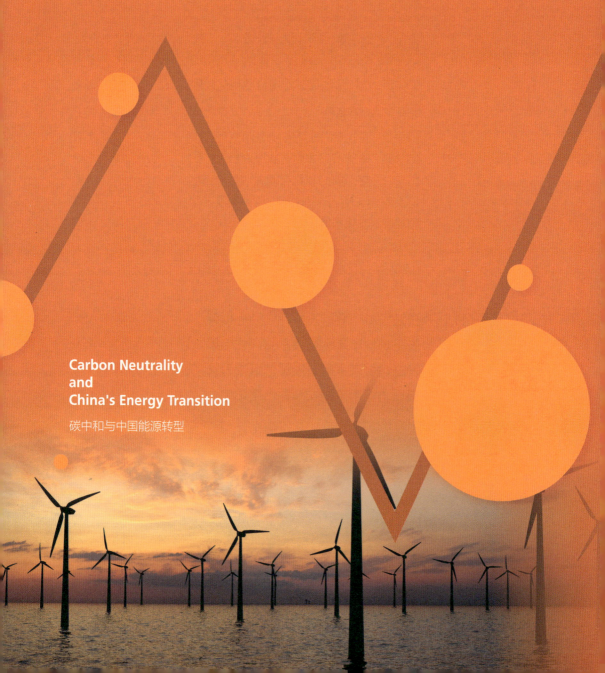

Carbon Neutrality
and
China's Energy Transition

碳中和与中国能源转型

第 1 章

碳中和与能源转型：源起与内涵

1.1 气候变化与碳中和
1.2 碳中和与能源转型
1.3 碳中和背景下中国能源转型的挑战与机遇

1.1 气候变化与碳中和

1.1.1 气候变化及其影响

1.1.1.1 气候变化的原理

近年来,"气候变化""全球变暖"愈发成为全世界的热点议题。联合国政府间气候变化专门委员会(Intergovernmental Panel on Climate Change, IPCC)在2007年发布的第四次评估报告中指出,以2007年为基准,最近100年(1906～2005年)的温度线性趋势为0.74℃,其中最佳估值的可能性为90%的不确定性区间为0.56～0.92℃,这一趋势大于IPCC于2001年发布的第三次评估报告中给出的0.6℃的线性趋势和相应的不确定性区间0.4～0.8℃(对应1901～2000年)。而2014年发布的第五次评估报告中则明确指出,自1850年以来,每10年地球平均表面温度都依次比前一个10年的平均温度更高。由线性趋势计算结合陆地和海洋表面温度资料的全球平均值显示,从1880～2012年温度升高了0.85℃,对应最佳估值的可能性为90%的不确定性区间为0.65～1.06℃。

气候变化往往是由于地球的大气系统受到了不同程度的影响或者是冲击。除了自然的因素例如太阳活动、地质运动、火山喷发等,另一重要因素是人类活动引起的温室气体排放。其中,最重要的温室气体是二氧化碳(CO_2)。根据气候变化的原因不同,对气候变化的定义也有一些不同。IPCC定义的气候变化主要针对气候本身而言,即气候随时间发生的任一改变,不论是历史性的气候变化周期(包含气候变暖和气候变冷),还是由于人类活动造成的变化。而《联合国气候变化框架公约》(United Nations Framework Convention on Climate Change, UNFCCC)则侧重人类活动对于气候变化的影响,把气候变化限定于人类直接或者间接的活动所造成的地球大气温度、成分等的变化。

一般来说,地球的气候变化有三个主要的驱动因素:太阳辐射的变化、地球反射太阳能效果的变化、温室效应。太阳辐射的变化是太阳传递到地球的辐射能量的改变，而地球反射太阳能效果的变化反映了地球吸收这部分热量能力的变化。例如，海面对于太阳光的反射率在6%左右，剩下94%的能量会被水面吸收，而对于覆盖着冰雪的海面，90%左右的能量将会被反射。

温室效应则体现了地球的"保暖"能力。来自太阳的以短波辐射为主的电磁辐射到达地球的大气层后，少部分能量会被反射回太空中，另一小部分会被大气层吸收，而剩下的大部分能量都将穿过大气层，被地球表面所吸收。地表在吸收来自太阳能量的同时，也在向外辐射能量。但是由于地球表面温度较低，辐射主要以长波辐射为主。这部分长波辐射难以穿过大气层，使得这部分辐射出的能量并未耗散到太空中，而是留在了地球上。由此地球便像一个"温室"一样，维持着内部适宜的温度。而温室气体，则是在这一过程中发挥了"保温"效果的气体，如二氧化碳和甲烷（CH_4）。

温室效应对于地球来说具有两面性。有研究指出，如果没有温室效应，那么地球将会变得异常寒冷，平均温度将达到零下18℃。而得益于大气层温室效应的保护，地球平均温度维持在15℃。但是由于人类的活动，大量的温室气体被释放到了大气中。温室气体在大气中浓度的升高加剧了温室效应，更多的能量被留在了地球，从而导致了地球温度的上升。全球气候变暖将带来一系列灾难性的后果，例如冰川融化、海平面上升、极端天气变得更加频繁等。

1.1.1.2 气候变化的影响

IPCC第五次评估报告指出，观测到的1951～2010年全球地表平均温度的上升，由温室气体浓度增加和其他人为因素共同导致的可能性有95%。

全球气温的上升，引发了一系列的问题，包括能源消耗量过大、森林覆盖率减小、过度消费等方面，尤其是近40年来全球气候持续恶化，二氧化碳、甲烷等气体浓度升高，自然灾害频发，地表温度改变，南北极冰雪、格陵兰冰川厚度的减小，以及海平面上升等。

IPCC发布的《IPCC全球升温1.5℃特别报告》指出，现在如果不采取措施全力以赴在2050年前将全球温升控制在1.5℃以内，人类社会未来将会付出巨大代价，特别是在生态系统、粮食安全、水供应、人类安全、健康福祉以及经济增长等方面。

根据IPCC最新发布的第六次评估报告第二工作组报告，人类活动引起的气候变化，包括更频繁和更剧烈的极端天气事件，已经对人类和自然系统造成了广泛的不利影响以及相关的损失和损害，如果全球气温升幅在近期内达到1.5℃，将不可避免地导致多种气候灾害的增加，并对生态系统和人类造成多种风险；如果全球气温升幅在未来几十年或之后短暂超过1.5℃，相比于保持在1.5℃以下，许多人类和自然系统将面临额外的严重风险。根据超过1.5℃的幅度和持续时间的不同，部分影响将导致额外的温室气体排放，而一些影响即使在全球温度降低之后仍将是不可逆的。

（1）对环境的影响　　全球性的气候变暖将会给生态系统和人类社会带来非常严重的影响。平均气温的升高，对水循环、陆地生态系统、海岸带以及海洋生态系统等势必产生较大的冲击。研究显示，全球气候变暖将会引起气候带向北移动，进而导致大气运动发生相应的变化，全球降水分布也将随之发生变化。而全球性的降水变化并不均衡，干旱地区和面临水资源压力的部分中纬度地区将会面临降水进一步减少的风险，而高纬度地区和部分降水充沛的地区则有着降水增多的可能。"几乎确定的是，随着全球地表平均温度上升，大部分陆地地区逐日和季节时间尺度上发生高温极端事件的频率将会增高，而低温极端事件的频率将会下降。热浪很可能将会更为频繁地发生，持续时间将会更长。偶发性冬季极端低温将继续发生。"

全球气候变暖另一个非常显著的影响在于海平面上升。在1901～2010年，全球平均海平面上升了0.19米，而有相关研究指出，如果温室气体排放量继续大幅增加，到2100年海平面上升可能会达60～110厘米左右。

（2）对人类健康的影响　　"评估气候变化对于人类健康的影响是一项困难的任务。它要求根据地区和年份估算气候变化，还要求针对不同疾病估算变动的气候状况对健康的影响。这具有挑战性，因为在这些变化持续发生的未来世界，收入、医疗技术和健康状况都在迅速进步。"

世界卫生组织（World Health Organization，WHO）健康和气候科学家团队针对气候变化对人类健康的影响进行了研究。研究分直接影响和间接影响两类进行评估。直接影响包含由于干旱、洪水、环境污染等人们所直接承受日益增加的环境压力的影响。而间接影响则侧重由于全球气候变暖，导致生活水平降低，从而致使一些传染病传播范围扩大、传播风险增加，以及营养不良等影响。

研究结果表明，人类对气候变化的脆弱性在区域之间和区域内部存在显著差异，大约有33亿～36亿人生活在极易受到气候变化影响的环境中。由于气候变化所带来的健康风险，对非洲和东南亚地区的影响较大，而对于北美和西欧等发达地区，则影响相对较小。其他地区，如拉丁美洲，则面临中等风险。

除此之外，全球气候变暖还会致使病菌、病毒等致病生物的繁殖、传播、变异速度加快，使人们受到各类传染病感染的风险增加，人类健康面临更多的挑战。

（3）对经济的影响　人类社会作为自然界的一部分，离不开自然界的资源支持。自然界的气候变化与人类社会的经济发展息息相关。由于温室效应引起的气候带移动和降雨带的变化，将会导致干旱、洪涝等自然灾害和极端气候事件的发生更为频繁，这不仅会造成极大的直接经济损失，更是人类社会健康可持续发展的严重威胁。农业作为对气候变化最敏感的产业，虽然大气中二氧化碳浓度的增加在一定程度上有利于作物生长，从而提高农业产量。但这一有利之处在面临干旱、洪涝等自然灾害时，显得微不足道。此外，海平面上升将会淹没部分沿海陆地，使得耕地紧缺的问题更加严峻。全球气候变暖使得农业生产面临更大的不稳定性因素。

同时，全球气候变暖还会对能源、交通和工业等部门产生影响。温室效应的加剧会使得人们在利用高碳排放的能源时，更加在意利用效率的提高。大型能源企业也将面临巨大的减排压力。而低碳能源，如各类新能源，也将会更加被投资者所青睐。对于交通行业，全球气候变暖导致的极端天气出现概率增加，将会对交通系统提出更高的要求。一方面，各类极端天气的频繁出现容易导致洪水、城市内涝、山体滑坡、地陷等自然灾害发生，对基础设施产生极大的破坏。另一方面，浓雾、暴雨、降雪等对于交通运输也有较大的不利影响。化石能源的利用加速了人类社会的历史进程，但是其高碳排放的能源利用方式，也导致相关产业在面对气候变化问题时，更为棘手。例如，海平面上升将使得沿海国家面临更多由环境因素造成的经济风险，尤其是一些在沿海地区人口密集、产业发达的国家（如中国、日本、新加坡等），而一些太平洋岛国甚至面临全部国土被淹没的风险，这一风险将会对相关地区经济的健康有序发展带来极大的不稳定性因素。

1.1.2　国际气候变化应对及碳中和的提出

1.1.2.1　气候变化的主要应对方式

气候变化将对我们的生存环境造成许多不利的影响，如何面对这一严峻的问题，人类也在不断探索，希望通过各类技术、经济手段来减缓气候变化的趋势。减缓和适应是应对气候变化威胁的主要措施，也是应对气候变化风险两项相辅相成的战略。适应侧重针对已经出现的或者预期的气候变化及其影响做出适当的调整，趋利避害，减少未来可能发生的风险事故造成的损失。而减缓则是为了限制未来的气候变暖趋势而主动采取的各类减少温室气体排放或增加温室气体汇的措施。减缓和适应都是为了应对当前以及未来预期的气候变化影响带来的风险。在应对气候变化时，通常会把减缓与适应综合考虑。仅仅依靠被动适应很难遏制全球气候变暖的趋势，而减缓措施虽然是目前国际交流合作的重点，也是从环境角度考虑较为安全的方法，但是受限于当前的技术手段，其短期内的成本过高，因而很难一蹴而就实现减排。

（1）减缓　从长远的角度来看，温室气体在大气中的浓度上升，使得温室效应加剧，致使气候变暖，因而扭转温室气体在大气中进一步累积的趋势，或许是当前应对气候变化较为行之有效的解决办法。

常见的温室气体有二氧化碳、甲烷、一氧化二氮（N_2O）、六氟化硫（SF_6）等。最主要的温室气体还是二氧化碳，它对于地球温室效应的影响最大。二氧化碳的排放来源很广，最为突出的是化石燃料的使用。自工业革命以来，人类社会飞速发展，化石燃料功不可没。但是其带来的高碳排放，也是我们目前亟待解决的问题。

① 减缓经济的增长。例如2009年美国经济衰退期间，当年碳排放降

低了7%。受2020年新冠疫情的影响，全球的碳排放水平也一度呈下降趋势。但是通过牺牲经济来完成减排任务显然是一种较为痛苦的做法，并非长远之计。

② 控制能源消费量。例如转向更加节能的生活方式，放弃私家车转向公共交通或者是自行车等方式。提倡低碳的生活方式，有助于从消费端减少能源的消费，从而从数量上减少温室气体的排放。节约、绿色、清洁的生活方式，值得推广。但是仅仅通过从消费端控制能源的消费，一定程度上可以延缓气候变暖的趋势，但是要想实现碳中和乃至负排放的目标，仍需要其他措施。

③ 通过技术革新，提高生产效率，降低商品和服务的碳排放水平。这一措施较为依赖技术的发展水平。开发低碳、清洁、可持续的技术，一方面有助于提高生产效率、降低成本，另一方面也对环境更加友好。

④ 能源转型。例如用天然气代替煤炭发电，可以大幅降低电力行业的碳排放。就目前而言，煤炭发电的成本要低于天然气，因而在很多国家和地区，燃煤电站依旧是火电站的主力军。推动能源转型、清洁化发展，很多时候也不得不考虑成本和资金等经济性因素。但是也不可否认太阳能、风能、生物质能、水能、潮汐能等清洁可再生能源的应用前景和减排潜力。这些可再生能源一方面其利用过程的碳排放很低，可以实现近零排放；另一方面，可再生能源具有体量大、开发潜力巨大的优势，也有助于缓解由于煤炭、石油、天然气等化石能源储量有限而存在的能源危机。

（2）**适应** "适应"作为应对全球气候变暖的一个重要举措，主要是指通过一些手段来避免或者是减少因为气候变化而造成的不利影响。例如，农民可以通过修建灌溉系统来应对干旱天气。但是针对各行各业不同的实际情况，以及面临的不同气候变化风险，也各有不同的适应方案。IPCC第五次评估报告中给出了一些不同的适应策略，包含社会、生态资产和基础设施发展；技术流程优化；自然资源综合管理；体制、教育和行为改变或加强；金融服务，包括风险转移；支持早期预警和主动规划的信息系统。但是作为相对被动应对气候变化的举措，不断加剧的气候变化以及各种不确定性因素将加大对许多适应方案的挑战。

（3）**应对成本** 为了实现《巴黎协定》提出的温控目标，避免全球气候进一步恶化，一些行之有效的措施亟待被提上日程，例如约束碳密集型的活动、采用更多的低碳技术以及更多地利用新能源等清洁能源，但是目前仍旧面临着较为严峻的成本问题。

要实现较为显著的减排，需要在现有的投资模式上做出巨大改变。IPCC第五次评估报告预估了一个到2100年将大气中CO_2浓度稳定在430～530微升/升当量区间的情景。该情景下，在2010～2029年，预估对电力供应相关的传统化石燃料技术的年度投资会下降大约300亿美元，而对低碳电力供应（包含可再生能源、核能和采用碳捕集技术的发电）的年度投资会增加大约1470亿美元。此外，情景中每年对交通、建筑和工业的递增能效投资预估增加约3360亿美元。

2018年诺贝尔经济学奖获得者威廉·诺德豪斯（William D. Nordhaus）在《气候赌场：全球变暖的风险、不确定性与经济学》一书中，利用2010年地区RICE模型，对于实现全球温控目标的成本进行了估算，得出结论：当百分之百的国家参与减排并有百分之百效率的政策得以执行时，实现2℃目标的成本是适度的。这一成本也已经要求支出全世界收入的1.5%左右，或者约为平均收入的一年增长额。但是，如果要把目标再进一步，即比如把温控目标设定为1.5℃或者1℃，那需要付出的成本就会变得十分高昂。更何况，该结论基于全球百分之百的国家积极参与，在实际的国际社会中，能否实现这一假设，终究是个巨大的疑问。

1.1.2.2　国际碳中和目标发展

工业革命以来，全球各国以化石能源为主要能源，完成了工业化过程，同时也付出了巨大的环境代价。大量消耗的化石能源所排放的二氧化碳，累积在大气中，引发了当前人类社会面临的气候变化危机。

为了保护地球生态和实现人类社会可持续发展，全球各国意识到，全球合作应对气候变化刻不容缓。1992年联合国环境与发展会议通过《联合国气候变化框架公约》（以下简称《公约》），确立了全球应对气候变化的目标与原则。《公约》旨在将大气中温室气体的浓度稳定在防止气候系统受到威胁的人为干扰的水平上，且这一水平应当在足以使生态系统能够自然地适应气候变化、确保粮食生产免受威胁并使经济发展能够可持续进行的时间范围内实现。此外,《公约》提出至21世纪中叶世界温室气体排放降低50%的目标,并成为国际社会第一个在控制温室气体排放、应对气候变化方面开展国际合作的基本框架和法律基础。1997年《公约》缔约方在日本京都通过《京都议定书》,并对"共同但有区别的责任"做了最直接的解读,且为发达国家规定了量化减排义务。同时设定了排放交易(IET)、联合履约(JI)和清洁发展机制(CDM)三种灵活履约机制,鼓励发达国家用资金和技术换取排放空间。2015年底,巴黎气候大会就2020年后全球气候制度框架达成协议,并通过了具有历史意义的全球气候变化新协议《巴黎协定》,提出到2100年将全球平均气温升幅与前工业化时期相比控制在2℃以内,并将努力实现把温度升幅限定在1.5℃以内的目标和"全球温室气体排放尽快达峰,到本世纪下半叶实现全球净零排放"的目标;并且《巴黎协定》正式确立了自下而上的"国家自主贡献"(INDCs)模式,以更加灵活、不断递进的方式联合各国共同应对气候变化。

2020年气候雄心峰会由联合国及有关国家倡议举办,旨在纪念《巴黎协定》达成五周年,进一步动员国际社会强化气候行动,推进多边进程。全球各国根据以上会议达成的协议,各自根据自主贡献目标,在本国展开碳减排、碳中和的行动。目前全球有数百个国家和地区向《联合国气候变化框架公约》秘书处提交了自主减排目标,还有部分国家和地区通过政策宣誓、立法等手段明确本国碳中和目标,碳中和已经成为全球主流趋势(见表1-1)。

表1-1 世界部分主要国家和地区碳中和目标汇总

国家和地区	碳中和目标时间	承诺性质
美国	2050年	行政命令
欧盟	2050年	法律规定
加拿大	2050年	政策宣誓
英国	2050年	政策宣誓
韩国	2050年	政策宣誓
日本	2050年	法律规定
中国	2060年	政策宣誓

在各国的碳中和目标中，根据"共同但有区别的责任"原则，发达国家一般采取绝对量化减排目标，即定义目标年相对某个基准年的减排幅度。但是发展中国家一般采取方式更加灵活的相对减排目标，比如强度减排目标、排放达峰目标、相对照常情景减排目标，以及针对一些部门/行业的目标。这是由于发展中国家未来经济发展还有很多不确定性，这些不确定性会带来绝对量化减排目标估计的不准确，从而加大减排难度。而相对减排目标对排放强度估计的不确定性会相对小很多，更有利于发展中国家采取措施控制温室气体排放。

1.2 碳中和与能源转型

1.2.1 中国碳中和政策演进与能源转型要求

中国作为世界人口最多的国家，正处于工业化、城镇化发展阶段中后期，需要大量基础设施建设，高耗能原材料产业的比重较高。伴随经济总量的持续扩张与能源消费的不断增加，中国能源相关二氧化碳排放总量在过去30多年快速增长（图1-1）。可以发现，2020年中国能源相关二氧化碳

图1-1　1990～2020年中国能源相关二氧化碳排放总量与全球占比

数据来源：2021 BP Statistical Review of World Energy

排放量达到98.9亿吨,约是1990年的4.3倍、2000年的2.9倍。从演变趋势来看,1990~2020年中国能源相关二氧化碳排放量的变化可以分为3个阶段。

第一阶段:1990~2000年。在该阶段,中国能源相关二氧化碳排放量总体上保持稳定,基本维持在30亿吨左右。

第二阶段:2001~2013年。在该阶段,伴随中国经济进入了新一轮的高速增长,能耗更高的重工业产值占工业总产值的比重持续上升,导致能源消费总量与能源相关二氧化碳排放总量的双重增长。在此期间,中国能源相关二氧化碳排放总量增长了近2倍,从35.2亿吨增加到92.4亿吨。

第三阶段:2014~2020年。在该阶段,由于经济结构转型、煤炭行业去产能、能耗双控要求逐渐趋紧等多方面因素综合影响,中国能源消费需求受到较大抑制,能源相关二氧化碳排放总量基本保持平稳。

中国在全球二氧化碳排放量中的占比也从1990年的10.9%上升到2020年的30.9%(图1-1),成为目前世界上二氧化碳排放量第一的国家。值得注意的是,中国的排放占比上升趋势在2011年后明显放缓,这也标志着中国的气候治理进入了新阶段。

应对气候变化成为中国基本实现社会主义现代化的最大挑战,但同时也成为中国基本实现绿色工业化、城镇化、农业农村现代化的最大机遇。对此,中国提出的应对气候变化减排目标也在不断强化,逐步由相对减排目标向绝对减排目标转化。

2015年11月,习近平主席在第21届联合国气候变化大会(COP21)开幕式上发表讲话:中国在"国家自主贡献"中提出将于2030年左右使二氧化碳排放达到峰值并争取尽早实现,2030年单位国内生产总值二氧化碳排放比2005年下降60%~65%,非化石能源占一次能源消费比重达到20%左右,森林蓄积量比2005年增加45亿立方米左右。

2020年9月22日,习近平主席在第七十五届联合国大会一般性辩论上宣布:中国将提高国家自主贡献力度,采取更加有力的政策和措施,二氧化碳排放力争于2030年前达到峰值,努力争取2060年前实现碳中和。2020年12月12日,在气候雄心峰会上,习近平主席进一步宣布:到2030年,中国单位国内生产总值二氧化碳排放将比2005年下降65%以上,非化石能源占一次能源消费比重将达到25%左右，森林蓄积量将比2005年增加60亿立方米，风电、太阳能发电总装机容量将达到12亿千瓦以上。2020年12月16～18日举行的中央经济工作会议明确指出，2021年八项重点任务之一就是要"做好碳达峰、碳中和工作"。2021年9月21日，时值中国宣誓"30·60双碳"目标一周年，习近平主席在第七十六届联合国大会一般性辩论上提出，中国将"加快绿色低碳转型，实现绿色复苏发展""力争2030年前实现碳达峰、2060年前实现碳中和"。

在具体措施方面，中国政府不断强化顶层设计，把碳达峰碳中和纳入生态文明建设整体布局。目前已成立碳达峰碳中和工作领导小组，正在制定碳达峰碳中和时间表与路线图，顶层设计"1+N政策体系"将陆续发布指导意见。除此之外，中国政府在调整产业结构、提高能效、优化能源结构、控制非能源活动温室气体排放、增加碳汇、加强温室气体与大气污染物系统控制、推动低碳试点和地方行动等方面采取了一系列措施，减少二氧化碳排放，减缓气候变化。自2019年以来，中国政府持续完善制度建设，推动二氧化碳排放立法和标准制定，加强与现有标准体系的打通融合，引导相关行业低碳转型。推动绿色金融体系建设，推进气候投融资，组织开展气候投融资试点准备工作，多地已形成试点工作方案。中国政府还进一步加强二氧化碳统计核算体系建设，强化科技支撑，加强学科建设，应对气候变化基础能力持续提升。为了达到提升全民碳减排意识的目的，中国政府加强引导，积极发挥媒体传播作用，鼓励企业和公民积极行动，形成全社会广泛参与的绿色低碳发展格局。

在过去十几年间，中国积极推动产业结构调整、能源结构优化以及重点行业能效提升，在碳减排方面已取得了显著成效，即单位国内生产总值能耗降低，二氧化碳排放总量增速变缓。国家统计局数据显示，2012～2020年单位国内生产总值能耗分别降低3.6%、3.8%、4.8%、5.6%、5.0%、3.7%、3.1%、2.6%、0.1%，9年间共降低超过32%。截至2019年末，中国单位国内生产总值二氧化碳排放比2015年和2005年分别下降约18.2%和48.1%，已超过了中国对国际社会承诺的2020年比2005年下降40%～45%的目标，基本扭转了温室气体排放快速增长的局面。

中国已转向高质量发展阶段，社会主要矛盾在"十三五"时期已经发生改变，从"人民日益增长的物质文化需要同落后的社会生产之间的矛盾"，改变为"人民日益增长的美好生活需要和不平衡不充分的发展之间的矛盾"，民族发展面临新挑战、新任务。发展不平衡、不充分问题仍然突出，重点领域关键环节改革任务仍然艰巨，创新能力不适应高质量发展要求，生态环保任重道远。

"十四五"时期是中国全面建成小康社会、实现第一个百年奋斗目标后，乘势而上开启全面建设社会主义现代化国家新征程、向第二个百年奋斗目标进军的第一个五年。"十四五"时期的五年必将是中国发展改革的五年，也是突破的五年。基于此，中国政府在2021年发布《中华人民共和国国民经济和社会发展第十四个五年规划和2035年远景目标纲要》（以下简称《"十四五"规划和2035年远景目标纲要》）。

《"十四五"规划和2035年远景目标纲要》全文分为十九篇六十五章，定义了中国接下来发展的战略导向和主要目标。

"十四五"时期推动高质量发展，必须立足新发展阶段、贯彻新发展理念、构建新发展格局。把握新发展阶段是贯彻新发展理念、构建新发展格局的现实依据，贯彻新发展理念为把握新发展阶段、构建新发展格局提供了行动指南，构建新发展格局则是应对新发展阶段机遇和挑战、贯彻新发展理念的战略选择。必须坚持深化供给侧结构性改革，以创新驱动、高质量供给引领和创造新需求，提升供给体系的韧性和对国内需求的适配性。必须建立扩大内需的有效制度，加快培育完整内需体系，加强需求侧管理，建设强大国内市场。必须坚定不移推进改革，破除制约经济循环的制度障碍，推动生产要素循环流转和生产、分配、流通、消费各环节有机衔接。必须坚定不移扩大开放，持续深化要素流动型开放，稳步拓展制度型开放，依托国内经济循环体系形成对全球要素资源的强大引力场。必须强化国内大循环的主导作用，以国际循环提升国内大循环效率和水平，实现国内国际双循环互促共进。

"十四五"时期中国经济社会发展主要目标为：经济发展取得新成效；改革开放迈出新步伐；社会文明程度得到新提高；生态文明建设实现新进步；民生福祉达到新水平；国家治理效能得到新提升。

绿色低碳发展是"十四五"发展规划中不可或缺的一部分，也是中国未来经济发展的强劲推动力。

"十四五"期间，中国将以更大的决心和力度，坚定实施积极应对气候变化国家战略，全面加强应对气候变化工作，加快做好碳达峰碳中和工作，推动构建绿色低碳循环发展的经济体系，大力推进经济结构、能源结构、产业结构转型升级。加强应对气候变化与生态环境保护相关工作统筹融合、协同增效，进一步推动经济高质量发展和生态环境高水平保护。

首先，《"十四五"规划和2035年远景目标纲要》把碳达峰碳中和纳入生态文明建设整体布局，强化了绿色低碳发展的顶层设计。在中央财经委员会第九次会议上，习近平总书记强调：实现碳达峰、碳中和是一场广泛而深刻的经济社会系统性变革，要把碳达峰、碳中和纳入生态文明建设整体布局，拿出抓铁有痕的劲头，如期实现2030年前碳达峰、2060年前碳中和的目标。《"十四五"规划和2035年远景目标纲要》中，将碳排放达峰后稳中有降列为2035年远景目标。"十四五"时期经济社会发展主要目标"生态文明建设实现新进步"中，明确定义了单位国内生产总值能源消耗和二氧化碳排放分别降低13.5%和18%。除此之外，生态文明建设其他目标也将进一步贡献碳达峰碳中和，比如生产生活方式绿色转型将从使用角度降低二氧化碳排放，能源资源合理配置、利用效率大幅提高将从能源效率提高的角度降低二氧化碳排放，森林覆盖率提高到24.1%将从碳汇角度助力碳中和。

其次，《"十四五"规划和2035年远景目标纲要》列明了中国积极应对气候变化的工作方向。"十四五"期间，中国将完善能源消费总量和强度双控制度，重点控制化石能源消费。实施以碳强度控制为主、碳排放总量控制为辅的制度，支持有条件的地方和重点行业、重点企业率先达到碳排放峰值。推动能源清洁低碳安全高效利用，深入推进工业、建筑、交通等领域低碳转型。加大甲烷、氢氟碳化物、全氟化碳等其他温室气体控制力度。提升生态系统碳汇能力。锚定努力争取2060年前实现碳中和，采取更加有力的政策和措施。加强全球气候变暖对我国承受力脆弱地区影响的观测和评估，提升城乡建设、农业生产、基础设施适应气候变化能力。加强青藏高原综合科学考察研究。坚持公平、共同但有区别的责任及各自能力原则，建设性参与和引领应对气候变化国际合作，推动落实《联合国气候变化框架公约》及

《巴黎协定》，积极开展气候变化南南合作。

目前，各中央部委和地方省（区、市）正在根据"十四五"规划进一步制定各项措施，以支持绿色低碳的达成。中国人民银行发布《银行业金融机构绿色金融评价方案》和《绿色债券支持项目目录（2021年版）》，提出将通过绿色贷款、绿色债券等方式加大对碳减排投融资活动的支持。财政部目前正在研究碳减排相关税收问题。科技部将推动低碳、零碳、负碳技术研发，研究《碳达峰碳中和科技创新行动方案》，推进《中国碳中和技术发展路线图》编制工作，推动新型低碳产业发展。全国碳排放权交易市场已于2021年7月16日正式启用。《住房和城乡建设部等15部门关于加强县城绿色低碳建设的意见》提出加强县城绿色低碳建设，促进实现碳达峰、碳中和目标。

最后，"十四五"规划以绿色低碳为推动力，倒逼能源和行业转型。绿色低碳将成为中国经济新的增长点。从科技角度来看，绿色低碳需要中国能源系统重大创新，积极探索新的低碳能源、零碳能源，寻求可提升能源利用效率的科技创新。从制造强国角度来看，中国需要提升产业链现代化水平，积极推动制造业优化升级，深入实施绿色制造工程，推动制造业高端化、智能化、绿色化。从战略新兴产业角度来看，中国将聚焦新能源、新能源汽车、绿色环保等战略新兴产业，构筑产业体系新的支柱。从基础设施角度来看，中国将以绿色低碳为契机，构建现代化能源体系。逐步降低现有能源体系中煤炭的使用量，加快发展非化石能源，特别是风电、光电、水电、地热能，建设一批清洁能源基地，将非化石能源占能源消费总量比重提升到20%左右。加快电网基础设施智能化改造，提高电力系统互补互济和智能调节能力，提升清洁能源消纳和存储能力。

中国在实现碳中和目标的过程中必将面临巨大挑战，需要从以化石燃料为基础的经济模式过渡到低碳的经济模式。尽管如此，经济转型也会进一步扩大绿色经济领域的就业机会，包括电池生产、新能源和可再生能源、绿色建筑及相关服务。中国在关键技术领域中的引领地位将决定国际能源产业格局，也将会为中国带来强劲的就业增长并推动产业转型升级。目前，全球绿色经济规模可与石油天然气领域相媲美，中国在绿色能源经济领域的优势红利已显现并将加速扩大。2010～2019年，中国在可再生能源领域的投资额达到8180亿美元，成为全球最大的太阳能光伏发电和光热发电市场。10年间，中国可再生能源领域就业岗位达到440万个，约占全球可再生能源行业工作岗位的38%，其中光伏发电部门提供就业岗位220万个，海上和陆上风电部门提供就业岗位50万个，水电部门提供就业岗位60万个，太阳能加热和制冷部门提供就业岗位70万个，分别占全球上述行业就业岗位总数的59%、44%、29%和81%。

1.2.2 中国中长期能源发展的形势研判

从国际来看，国际能源格局正在发生深刻调整。全球经济下行压力大造成能源需求增长趋缓，美国页岩油气革命和能源独立战略对全球能源供给体系造成较大影响，新能源的快速发展进一步减缓了化石能源需求，新冠疫情暴发对全球能源体系形成较大冲击，世界能源供应迎来宽松机遇。但与此同时，国际贸易保护主义抬头，中东等重点地区地缘冲突频发，世界大国关于能源资源、通道、价格和治理体系的博弈更加激烈，将给中国能源外部供应的不确定性和波动性带来更大挑战。

从国内来看，一是能源安全面临新挑战。全国特别是中东部资源输入地区能源消费仍将保持快速增长，能源供需可能从宽松转向紧张。原油、天然气对外依存度较高的安全短板将长期存在，国家对能耗和煤电的控制将更加严格，能源安全自主可控将更加依靠煤电+可再生能源的搭配模式。二是能源供应迎来新格局。全国电力格局逐步从西部大基地远距离输送电力，转向更加注重发挥负荷中心地区支撑电源和新能源作用。新增管道气资源将重点供应西部和北方地区，东部沿海地区增量将主要依赖海上液化天然气（liquefied natural gas，LNG），逐步从全国管道气末端向液化天然气首站转变。三是能源转型面临新形势。国家风电、光伏政策加快退坡，储能、氢能等技术可能迎来重要拐点。可再生能源消纳保障机制启动实施，清洁能源发展推进方式发生转变。四是能源改革承担新使命。经营性用户发用电计划放开、油气管网独立和公平开放等改革举措将全面推进，全国市场化改革将提速深化，原有的能源资源配置方式将有较大调整。

1.3 碳中和背景下中国能源转型的挑战与机遇

当今中国面临着一系列重大变化——科技、能源和产业革命飞速发展，国际引领地位不断提升，中等收入人群日益增加，经济增长速度逐步放缓。短期内，这些变化与全球经济下滑及新冠疫情所引发的健康和社会影响相互交织。在这些变化中，首屈一指的当属气候变化以及国际社会共同应对这一全球危机的迫切需求。2020年9月，习近平主席宣布了力度空前且具有雄心的气候目标：中国将努力争取2060年前实现碳中和。这是一个具有丰富深刻历史含义的里程碑，必将开启中国能源的深度革命进程，它要求在未来40年内，将中国各行业排放的二氧化碳总量从当前的约100亿吨减少到接近于零，无法减排的部分则需通过植树造林增加碳汇、碳捕集利用与储存技术等手段来中和。客观分析，碳达峰、碳中和既是挑战，也是机遇。同时，放眼未来，中国与世界其他国家日益加深的经济联系、贸易和投资的不确定性、国内经济结构性改革等一系列变化，都为中国实现碳达峰、碳中和的目标带来机遇与挑战。

面向未来，中国已公布的长期发展目标，包括到2035年基本实现社会主义现代化，到21世纪中叶建成富强民主文明和谐美丽的社会主义现代化强国。有专家指出，上述目标意味着：到2035年基本实现社会主义现代化，人均国内生产总值达到美国水平的60%；到2050年全面实现现代化，人均国内生产总值达到美国水平的70%。考虑到中国人口是美国人口的4倍多，这意味着中国经济规模到那时将达到美国的2.5～3倍。

中国正全力以赴朝以上目标奋进，由此带来的中国生活水平和消费支出的增长，将对未来能源密集型产品和服务的需求产生重要影响。公路、铁路、航空运输需求将快速增长，中国人民在建筑供暖和制冷等领域将追求与发达国家相同的舒适度水平。然而，在生产和投资方面，中国经济也将不可避免地发生重大变化，包括在某些方面会减少对能源的需求，特别是考虑到独生子女政策的长期影响，中国人口很可能从目前约14.13亿的基础上在2030年左右达到约14.6亿的峰值。这意味着，对新建筑和基础设施的长期投资将大幅下降。另外，未来10～15年，中国的城镇化进程将继续为基础设施建设投资提供支持。但到21世纪30年代中期，这一进程将接近完成。到2020年城市人口占比已从2010年的50%升至64%，预计到2030年将达到70%，并在21世纪50年代期间达到发达国家75%～80%的水平。随着城镇化步伐放缓，对新建筑和基础设施的需求将不可避免地出现下降。

1.3.1 挑战分析

1.3.1.1 实现碳中和的挑战

第一，中国从碳排放达峰到碳中和仅有30年时间，相比欧美国家40～50年时间，这意味着碳达峰之后我国面临的平台期很短，碳排放需要实现快速下降，难度非常大。根据英国石油公司（BP）数据，欧盟于2006年能源消费达峰，同年二氧化碳排放达峰，峰值为37.1亿吨，到2020年下降至25.5亿吨，降幅31.3%，欧盟的二氧化碳排放达峰后有较长的平台期，距离2050年实现碳中和有44年时间；美国于2007年能源消费达峰，同年二氧化碳排放达峰，峰值为58.8亿吨，到2020年下降至44.3亿吨，降幅24.7%，和欧盟类似，美国从二氧化碳排放达峰到2050年实现碳中和有43年时间。而中国目前仍处在能源消费总量和二氧化碳排放总量双上升的阶段，并且从碳达峰到碳中和只有30年时间，越早实现碳达峰、峰值越低，后续实现碳中和的时间压力就越小、减排成本也越低。因此，中国应当争取在2030年之前尽早实现能源消费与二氧化碳排放的双达峰。

第二，中国正处在经济中高速发展阶段，能源需求仍将上升。欧美国家的经济发展总体已经进入中低速阶段，因此能源消费总量开始下降，而中国目前仍处于经济中高速发展阶段，从客观上讲，中国能源消费持续增长是不可避免的。因此，中国需要在保持经济中高速增长的同时加速发展绿色能源，这既是经济增长的重要支撑，也是实现碳达峰碳中和的重要举措。根据英国石油公司数据，2009～2019年，中国非水可再生能源消费量从0.53

艾焦耳（1艾焦耳相当于十万亿焦耳）增长至6.75艾焦耳，年均增长率达28.9%，2020年进一步增长到7.79艾焦耳，占全球非水可再生能源消费的比重达到24.6%。

第三，中国工业与制造业生产结构比重较大。中国与欧美国家具有不同的产业结构类型。2006年欧盟第二、三产业增加值占国内生产总值比重分别为15.8%、63.7%，2007年美国第二、三产业增加值占国内生产总值比重分别为12.7%、73.9%，而2021年中国第二、三产业增加值占国内生产总值比重分别为39.4%、53.3%。工业与制造业在中国生产结构中占比较大，因此也成为全国节能减排的重中之重。

第四，中国能效水平相对较低。在单位国内生产总值能耗方面，由于产业结构偏重、投资占比偏高，我国单位国内生产总值能耗约为经济合作与发展组织（OECD）国家的3倍、世界平均水平的1.5倍，下降空间仍然较大。这反映了中国与欧美国家相比，在能源技术和能源效率方面还有较大的提升空间。

第五，中国的能源消费结构长期以化石能源为主。化石能源是中国的主要能源消费类型，2020年中国煤炭消费量占能源消费总量的56.8%，天然气、水电、核电、风电等占能源消费总量的24.3%，能源消费具有高碳强度、高能耗的特点；而2020年美国和欧盟的煤炭消费量占比分别为10.5%和10.6%。因此，中国需要加速从以化石能源为主的能源消费结构转向以可再生能源为主的能源消费结构。

第六，中国二氧化碳排放总量较大。2020年，中国二氧化碳排放量为98.9亿吨，占世界总量比重达30.9%，美国和欧盟的二氧化碳排放量则分别为44.3亿吨和25.5亿吨，全球占比分别为13.9%和8%。中国的二氧化碳排放量大于美国和欧盟的二氧化碳排放量之和，要实现碳中和面临总量基数较大的挑战。

1.3.1.2 能源转型的挑战

（1）外部环境步入复杂多变期，安全保供面临更多不确定性 "十四五"时期全球能源需求增长可能放缓的趋势，为国内能源保供创造了一个较为宽松的国际环境。但外部环境的复杂性和不确定性也在显著增加，尤其是油气面临的地缘政治博弈更为复杂，国内对优质能源的争夺也会更加激烈，这些因素都可能冲击现有的能源供应格局。在城市用能总量基数已经很大且持续增长的情况下，国家提出碳达峰和碳中和目标，各地的能源供需在"十四五"中后期将从宽松转向紧张。

（2）能源发展迎来动能转换期，可再生能源将以更快速度发展 从消费看，城市用能需求电气化、低碳化趋势明显，长三角和珠三角等重点发展区域、5G和数据中心等新基建，将成为推动能源新一轮增长的新动能。储能和电动汽车的普及将成为打开能源需求革命的钥匙。从供应看，天然气难以复制过去高成本直接疏导的发展路径。能源科技进步、可再生能源逐步平价上网将成为能源转型的最大推动力。

（3）平衡"安全－经济－绿色"，清洁低碳转型面临多重挑战 积极应对气候变化仍是国际社会共识，各方比较关注二氧化碳排放大国，中国持续面临碳减排的国际压力。中国在加快推进能源清洁低碳发展的同时，还需确保安全保障、系统经济性、行业平稳运行等多重需要。适应煤炭、煤电等传统能源定位变化的系统运行模式、市场机制、产业政策尚未有效形成。清洁能源发展仍面临诸多矛盾有待破解，如后续水电面临开发成本高、环境约束紧、移民安置难、涉及跨境河流等诸多问题，核电公众接受度仍需进一步增强，局部地区消纳问题依然存在，扩大天然气利用规模受气源、气价、基础设施建设滞后等多重因素制约。构建高效能源系统任重道远。能源系统体量大、惯性强，转变发展模式，实现质量变革、效率变革、动力变革仍需要付出较大努力。能源效率总体不高，单位国内生产总值能耗约为世界平均水平的1.5倍，与发达国家相比仍有较大差距，工业、建筑、交通领域能源消费增量仍将保持一定规模，存量节能降耗挖潜空间收窄，进一步提高能源效率压力较大。能源系统缺乏整体优化，需求侧管理和供给侧调节能力建设滞后。

（4）能源体制改革进入深水攻坚期，市场化需统筹好多重目标 近年来随着可再生能源的快速发展，电力现货市场在价格发现、资源优化配置以及电力供需两端资源调动等方面的优势日益显现。随着天然气消费的快速增长，天然气"亚洲溢价"越来越成为能源安全和经济安全的重大隐忧。能源供需革命催生能源体制变革。政府要转变以计划手段为主的调控方式，加强能源市场建设。通过科学设计市场规则，来适应未来能源发展趋势，实现能源发展安全、清洁与经济多重目标的统筹。从国际对标情况来看，中国大中城市的能源产供储销体系相较东京、纽约等国际化大都市仍有一定差距，需要加快转型升级步伐，实现更高质量的发展。一是电力供应仍存在薄弱环节。城市供电可靠性距新加坡、东京等国际化大都市还有一定差距。大规模、长距离、集中输送的直流外来电带来了较大的调峰压力，部分时段电力负备用不足问题较为突出，需要进一步研究如何安全合理利用外来电。城市建成区中心存有老旧输变电设施亟待改造，中西部等区域电网仍较为薄弱。30万千瓦及以下老旧煤机效率低、煤耗高，需加快转型升级。二是天然气产供储销体系需加快完善。天然气储备能力离国际水平仍有较大差距，东西能源供需不平衡情况依然没有改变。天然气价格在国内虽有竞争力，但仍明显高于国际水平。三是受空间限制，东部大中城市的可再生能源面临开发程度不足等发展瓶颈。大型可再生能源发电可供开发场址较为有限，分布式光伏发展受建设标准等制约。

1.3.2　机遇分析

探索新的增长路径可以有效应对这些挑战，让中国在2060年前实现碳中和的发展目标。新的增长路径可以拉动经济发展、创造新的就业机会、促进创新和提高产业竞争力，从而实现建设生态文明的愿景。中国践行新的增长路径不仅能促进本国经济发展，也将有利于解决全球气候变化问题。中国在减缓气候变化领域一直发挥着至关重要的作用。中国是目前全球最大的温室气体排放国，累计二氧化碳排放量位列全球第二，仅次于美国。因此，中国在全球减排方面所做的贡献，将对全球气温升幅控制在1.5℃或2℃之内目标的实现起到决定性作用。实施新的增长路径也将进一步提升中国的国际地位。中国以应对气候变化的实际行动向世界传递积极信号，彰显全球影响力。

碳中和目标的宣布，为中国未来能源、经济与社会的发展提供了大方向和新动力。碳中和目标的实现不仅需要能源系统全面实现低碳转型，也要求中国整个经济发展与二氧化碳排放脱钩，寻找新的增长模式。在这个目标牵引下，未来几十年中国经济社会的运行模式将发生重大转型，围绕着节能减排将催生出越来越多的新兴产业与商业模式。在可再生能源、智能电网、先进储能、新能源汽车、碳捕集利用与储存等能源领域投资巨大（预计在百万亿级别），有望帮助中国实现能源独立，彻底化解目前石油、天然气高度依赖进口的能源安全问题。

同时，未来中国经济社会发展趋势在一定程度上有利于实现二氧化碳排放达峰。一是尽管中国总人口规模居世界首位，但是已经进入低增长阶段。根据联合国预测，中国2030年的总人口将达到14.6亿，年均增速仅为0.4%，明显低于1991~2019年0.7%的增速，2050年的劳动人口将达到8.4亿人，较2020年的10.1亿人显著减少。人口增速放缓将带动总人口能源消费等增速下降。二是中国经济增速放缓。根据预测，2020~2030年中国年均国内生产总值增速在5%左右，2030~2050年约为3%，明显低于1991~2019年9.5%的增速，也直接带动能源消费增速下降。三是中国是世界上国内储蓄率、国内资本形成总额占国内生产总值比重最高的国家，在绿色能源、绿色交通、绿色建筑、绿色基础设施、低碳经济等方面有强大的投资能力和国内市场规模。四是中国研究与开发强度不断提高，国家统计局数据显示，2011~2020年，中国规模以上工业电力、热力的生产和供应业企业研究与试验发展经费从42.8亿元增加至151.8亿元，增长超过2倍。研发投入与技术进步是中国能够在2030年前实现碳达峰的保障条件，伴随着能源效率的大幅度提高，将推动中国尽快实现能源消费总量达峰。五是当经济发展到一定程度，经济和环境会产生"脱钩"现象，即环境危害与经济发展之间的关系不是一成不变的，而是随不同经济发展阶段有不同的表现。"脱钩"大致有以下几种状态：最佳的是"强脱钩"，即经济增长、环境压力减少；"弱脱钩"则是指能耗或污染物排放增长慢于经济增长；"连结"则是指环境压力与经济同向变化，且速度相当；最糟糕的状态是"负脱钩"，即经济增长、环境加速恶化，或者经济衰退、污染更严重。从图1-2中可以看出，中国已经出现二氧化碳排放与经济增长脱钩的趋势，即国内生产总值（GDP）持续上升，但二氧化碳排放水平维持相对稳定。

图 1-2 中国国内生产总值与二氧化碳排放趋势
数据来源：中国碳核算数据库（CEADs），中国国家统计局

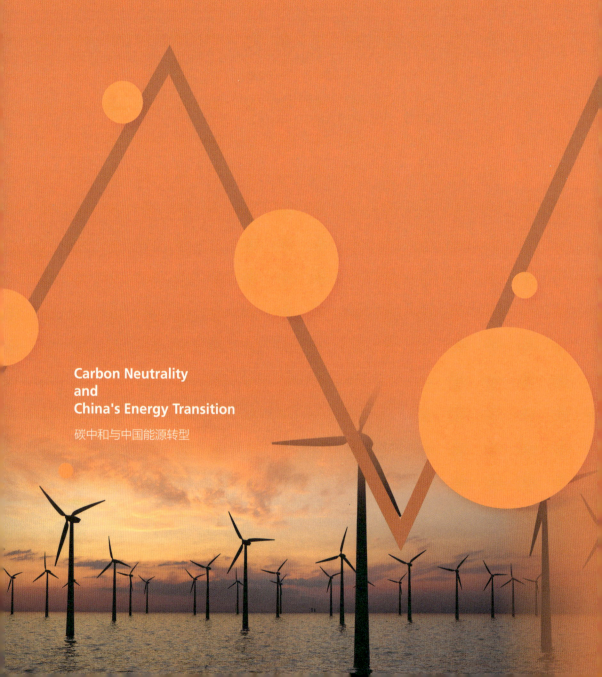

Carbon Neutrality and China's Energy Transition

碳中和与中国能源转型

第 2 章

中国能源消费的演变规律及影响因素分析

2.1 能源消费规模及结构的现状分析
2.2 能源消费的影响因素
2.3 能源消费影响因素测算

2.1 能源消费规模及结构的现状分析

中国结束以煤为主的高速发展，转向高质量的发展，能源转型的方向对全球的影响将是引领性的。2014年，习近平总书记在中央财经领导小组第六次会议上提出关于国家能源安全发展的"四个革命、一个合作"战略思想，即推动能源消费、能源供给、能源技术和能源体制四方面的"革命"，全方位加强国际合作，实现开放条件下的能源安全。中国应推动能源供给革命，建立多元供应体系。立足国内多元供应保安全，大力推进煤炭清洁高效利用，着力发展非煤能源，形成煤、油、气、核、新能源、可再生能源多轮驱动的能源供应体系，同步加强能源输配网络和储备设施建设。《能源发展"十三五"规划》中，进一步提出中国的目标是构建"清洁、低碳、安全、高效"的现代能源体系。而通过分析中国能源消费及结构的历史演变趋势，总结中国能源消费的影响因素，可以为中国能源结构向清洁低碳转型提供政策注脚。

2.1.1 能源消费规模演变

伴随改革开放的不断推进，中国经历了逾40年的高速经济增长。但是中国经济总量的持续扩张主要由生产要素投入所驱动，而能源消费的不断增加正是这种粗放经济发展模式的典型写照。图2-1为1978～2020年中国能源消费总量的变化趋势，可以发现，2020年中国能源消费总量达到49.8亿吨标准煤，是1978年的8.6倍，年均增长率为5.4%。从演变趋势来看，改革开放以来中国能源消费总量的变化可以分为四个阶段。

第一阶段：1978～1995年。在该阶段，中国能源消费虽然在初期有所波动，但总体上增长较为平稳，平均增长率为5.15%。

第二阶段：1996～2002年。在该阶段，亚洲金融危机以及国有企业改革等事件在放缓中国经济增长步伐的同时，也使能源消费需求受到了一定抑制。在此期间，中国能源消费的平均增长率仅为3.77%，其中1997年与1998

年的增长率均不足1%。

第三阶段：2003～2011年。在该阶段，伴随城镇化与工业化的持续推进，中国经济进入了新一轮的高速增长阶段。其显著特征是，能耗更高的重工业产值占工业总产值的比重在历经自改革开放以来近30年的相对稳定后持续上升，这拉动了能源消费总量的增长。在此期间，中国能源消费的平均增长率超过了9.7%，其中2003～2005年的年增长率均超过了13%。

第四阶段：2012年至今。在该阶段，由于经济结构转型、国际油价震荡以及煤炭行业去产能等多方面因素综合影响，中国能源消费需求受到较大抑制，能源消费增速有所放缓，年均增长率下降至2.51%。但该时期的能源消费增长速度仍然相对较快。

图2-1　1978～2020年全国能源消费总量及增长率

数据来源：《中国统计年鉴》，中国国家统计局

2.1.2　能源消费结构演变

导致能源消费结构变化的根本原因是科学技术的进步和生产力的发展。在改革开放前及初期，煤炭长期在中国能源消费中占据主流地位，这既是由于中国的工业发展较为滞后，依赖油气产业的经济基础尚未得到发展；也是由于中国的大规模油气资源发现较晚，早期的油气资源主要依靠进口。随着中国经济发展和居民生活水平的提升，中国的能源消费结构不断优化，新时

期生态文明建设进一步助推了中国能源结构改善。

图2-2为1978～2020年中国各类能源消费量占比的变化趋势，可以发现，煤炭消费占比呈现出"M"形的变化趋势，两次峰值分别出现于1990年（76.2%）与2007年（72.5%）。自2007年之后，煤炭消费占比快速下降，2020年位于56.8%的历史最低位。与煤炭消费占比相反，石油消费占比呈现出"W"形的变化趋势，两次谷值分别出现于1990年（16.6%）与2009年（16.4%）。自2009年之后，石油消费占比开始触底反弹，2020年重新回到18.7%的较高水平，但低于1978年的22.7%。天然气消费占比呈现出"U"形变化趋势，自1999年后开始稳步上升，2020年更是达到8.6%的历史最高水平。一次电力及其他能源消费占比始终处于锯齿状的波动上升状态，2020年达到15.9%的历史最高水平。总体来看，改革开放以来，煤炭消费占据中国能源消费半壁江山的状态没有发生根本性扭转。但是，一方面，中国煤炭占主导的能源消费结构与中国"富煤"的能源资源禀赋以及由此衍生的能源生产结构基本适应，这样的能源消费结构具有一定的合理性。另一方面，与1978年相比，当前中国能源消费结构的清洁化程度得到了显著提高，主要表现为天然气及非化石能源消费占比明显上升，表明中国在能源消费结构转型方面取得了一定成绩。

图2-2 1978～2020年中国各类能源消费量占比变化趋势

数据来源：《中国统计年鉴》，中国国家统计局

进入21世纪，在2000～2011年间，能源消费的平均增长率接近10%。虽然最近几年，伴随着经济结构的转型升级，能源消费增速有所放缓，但中

国能源消费依旧在不断攀升。2012年以来，煤炭消费占比日趋合理，但受制于能源禀赋，以煤为主的能源消费结构并未发生根本性的改变。面对规模巨大的能源消费总量以及不合理的能源消费结构，优化能源结构就需要厘清能源消费及其结构的各类影响因素，以期为能源结构优化政策的具体推进提供支持。

2.2 能源消费的影响因素

能源作为社会发展的基础，其需求受到经济社会多方面因素的影响。根据经济学中的需求理论，影响商品需求的主要因素包括：消费者收入水平、商品价格、商品的供给。对能源这一特殊的商品而言，学者们对其消费需求影响因素的研究多是从经济增长、人口规模、产业结构、技术进步、城镇化程度等方面开展。在本节中，将能源消费的影响因素分为四大类，一是经济发展（包括经济增长、产业结构、人口规模、城镇化水平、汽车保有量等）；二是技术进步（以能源强度为代表）；三是能源安全（能源对外依存度、能源价格）；四是约束政策（包括能耗总量约束、碳排放约束、能效政策）。

2.2.1 经济发展

2.2.1.1 经济增长

能源需求与一个国家、一个地区的经济发展水平有着密不可分的联系，以国内生产总值为代表的宏观经济运行状态对能源需求量有着至关重要的影响。根据经济周期理论，虽然不同学派对经济周期的形成原因有不同的见解，但无论是以凯恩斯、萨缪尔森、希克斯为代表的凯恩斯主义经济周期理论，还是以卢卡斯为代表的理性预期经济周期理论，抑或是基德兰德、普雷斯科特提出的实际经济周期理论，都承认经济发展是存在周期性波动的。虽然针对经济周期的波动长短各个学派有着不同判断，但经济周期的波动基本可以总结为繁荣期、衰退期、萧条期和复苏期四个阶段。

宏观经济运行出现周期性波动也会传导到经济社会的方方面面，当然也包括能源的消费。当经济处于繁荣期时，宏观经济运行态势良好，整个国家都处在一个昂扬向上、高速前进的状态中，能源需求的增长速度自然就会加快；而当经济处在衰退期时，宏观经济开始调整，全社会经济发展速度下降，能源需求的增长也随之放缓；当经济运行至萧条期时，宏观经济状态跌至谷底，能源需求的增长也会停滞不前；当经济渡过难关进入复苏期时，宏观经济发展向好，全社会生产消费上升，能源需求增长也会重新恢复。

结合图2-3可以看到，尽管最近几年，由于中国经济进入新常态以及经济结构转型的不断推进，国内生产总值增速有所降低，但中国国内生产总值一直处于相对快速的增长中，到2020年国内生产总值已经突破百万亿元。经济增长与能源消费之间关系紧密。经济总量的扩大，必然导致生产规模的扩大，对能源的消费需求也随之增加，以国内生产总值为代表的经济总量变化对能源消费总量有着至关重要的影响。

图 2-3　2011～2020 年中国国内生产总值变化

数据来源：中国国家统计局

2.2.1.2　产业结构

产业结构对能源消费的作用路径比较单一，不同产业的能耗水平是不一样的。产业结构调整是一个动态过程，从产业特征考虑，第一产业、第三产业能耗相对较少，第二产业能耗相对较多。从"十二五"规划开始，中国进

第2章 中国能源消费的演变规律及影响因素分析

入了经济结构转型调整的新时期,经济增长方式从之前的粗放型向集约型转变,不再单纯追求国内生产总值的增速,而是转变为优化经济结构、提高经济增长质量的经济发展方式上来。2000～2011年,中国二产增加值占比一直高于其他产业;而2012年之后,三产增加值占比快速提升,超越了二产成为增加值占比最高的产业,到2020年三产占比已经达到54.5%(图2-4)。

产业结构调整对能源消费的影响可以从经济增长驱动力变动与产业结构升级两个角度进行说明:在中国工业化进程中,经济发展动力由要素驱动转变为投资驱动进而由技术进步驱动,能源消费需求应该呈倒"U"形。具体而言,工业化前期,此时政策着力点为通过发展第二产业进而推进工业化,此时产业结构调整对能源消费作用十分有限。工业化中期,工业以及整个第二产业的发展仍然保持着最快的增长速度,但需要第三产业提供更多的支持,如重工业需要交通运输业来运输原材料、商品,建筑业依赖于房地产行业的发展。因此,第三产业发展也会加速,当工业化后期,第三产业可发挥拉动经济增长潜力。工业化后期,能源消费伴随着科技进步和新能源的广泛利用,能源消费对产业结构高级化起助推作用。因此,随着工业化水平的不断提高,产业结构对能源消费的调节作用会逐渐显现。任何一个国家的产业结构都难以逾越其特定的经济发展阶段,所以产业结构的升级自身就体现了经济发展,自然会影响到能源消费。

图2-4 2000～2020年中国产业结构变化

数据来源:中国国家统计局

2.2.1.3 人口规模

人口与能源消费之间的影响关系已经得到学术界的普遍认可，众多能源消费、二氧化碳排放以及气候变化相关的研究都把人口作为重要变量。人口是社会系统中最基本的因素，能源是人类活动的物质基础。人口规模从直接和间接两方面影响着能源消费。随着人口数量的增长，首先，人口总量带来的"刚需"将导致生活能源消费增加，人口数量越多，需要的能源也就越多，能源消费量也就越大。在自然资源有限的条件下，人口增长直接影响能源资源的人均占有量和利用方式。其次，人口总量可以通过促进经济增长间接增长能源消费。中国人口规模不断增加，2020年中国总人口已经超过14亿（图2-5），如此庞大的人口规模自然会影响中国能源消费需求。伴随着经济发展水平的增长，居民收入和生活水平也在不断提升，居民消费观念也在发生改变，越来越注重生活质量，由此带来的就是居民用能量的增加。

图2-5　2011～2020年中国人口变化

数据来源：中国国家统计局

2.2.1.4 城镇化水平

城镇化过程会发生生产方式与生活方式的改变，城镇化即是通过这两种路径来影响能源消费的。生产方式改变方面，城镇化合理调整技术结构与组织结构，促进资源配置优化，由传统的农业和小手工业的生产方式向工业化的生产方式转变,这将在一定程度上降低能源消费量。生活方式改变方面,由男耕女织、自给自足的农村生活方式转变为各司其职、社会分工明确的城市生活方式。这种转变表现在社会交往、衣食住行、休闲娱乐各个方面,同时居民消费水平的提高也将提高能源消费总量,改变能源消费结构,这一转变过程将导致能源消费量上升。从图2-6中可以看到,从2010年开始,中国的城镇人口比例超越乡村人口,截至2020年,以城镇人口占总人口比重所衡量的城镇化率来看,中国城镇化率已经超过60%。

图2-6　2000～2020年中国城乡人口变化

数据来源:中国国家统计局

2.2.1.5　汽车保有量

一方面,石油是最重要的运输驱动能源,汽车的普及显然会提高石油能源的消费。中国的汽车业起步于1953年,并于20世纪90年代进入了快速发展时期,21世纪后更是加快了发展步伐。由图2-7可知,中国民用汽车保有量自2000年以来大幅度提高,由1600万辆增加到超过27000万辆,在汽车业快速发展的同时,对石油能源的消耗也越来越大,势必会导致能源消费的增加以及能源结构的改变。另一方面,目前全球能源形势严峻,传统的化石能源供求关系紧张。中国目前是世界第一大石油进口国和消费国,如此高速的汽车保有量提升也会通过影响中国能源安全形势间接影响中国能源消费及结构。

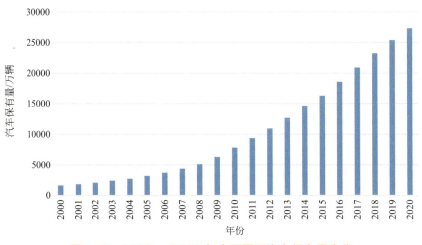

图 2-7　2000～2020 年中国民用汽车保有量变化

数据来源：中国国家统计局

2.2.2　技术进步

技术进步引致的能源效率提高有助于节约能源而降低能源消费总量，因此各国均将改进能源效率视为缓解经济快速发展与能源供给日益紧缺矛盾，及应对气候变化挑战的有效途径。现有文献大多以能源强度衡量能源行业的技术进步，技术进步主要是通过改善产品结构影响消费者的居民能源消费进而影响能源消费总量的。产业结构的升级需要有技术的支持，通过开发可再生新能源代替传统能源，使得原先那些污染严重的技术为较清洁的技术所替代，从而降低能源强度，进而达到降低能源消费的目的。由表 2-1 可知，能源强度由 2000 年的 1.47 吨标准煤/万元降低到 2020 年的 0.49 吨标准煤/万元，技术进步使得能源强度大幅度改善，这在一定程度上降低了经济发展所产生的能源消费。

能源行业对科技研发（research and development，R&D）的投入也是技术进步的一种代理变量。从图 2-8 可以看到煤炭、石油和天然气两个部门的投入变化不明显，但发电行业的投入显著提升，电力行业一直是"用能大户"，R&D 投入的增加会降低电力行业的能源消费。而由图 2-9 可知，煤炭、石油和天然气、电力行业的专利申请数均有所增加，分别由 2011 年的 1917 件、2337 件、6716 件提高到 2020 年的 4970 件、3907 件、31939 件。

表 2-1 2000~2020 年中国能源强度变化

年份	能源消费总量/万吨标准煤	国内生产总值/亿元	能源强度/(吨标准煤/万元)
2020	498000.00	1015986.2	0.49
2019	486000.00	990865.10	0.49
2018	464000.00	919281.10	0.50
2017	448529.14	832035.90	0.54
2016	435819.00	746395.10	0.58
2015	429905.00	688858.20	0.62
2014	425806.00	643563.10	0.66
2013	416913.00	592963.20	0.70
2012	402138.00	538580.00	0.75
2011	387043.00	487940.20	0.79
2010	360648.00	412119.30	0.88
2009	336126.00	348517.70	0.96
2008	320611.00	319244.60	1.00
2007	311442.00	270092.30	1.15
2006	286467.00	219438.50	1.31
2005	261369.00	187318.90	1.40
2004	230281.00	161840.20	1.42
2003	197083.00	137422.00	1.43
2002	169577.00	121717.40	1.39
2001	155547.00	110863.10	1.40
2000	146964.00	100280.10	1.47

注：数据来源于中国国家统计局。

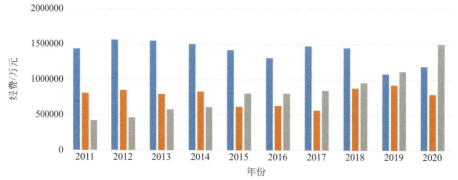

图 2-8　2011～2020 年能源行业 R&D 投入变化

数据来源：中国国家统计局

图 2-9　2011～2020 年能源行业专利申请数量变化

数据来源：中国国家统计局

然而，既有研究表明，提高能效与节能目标可能并不一致，政府通过提高能效政策而获得的节能效果往往要小于预期。能效提高所节约的能源，可能会通过替代效应、收入效应和产出效应等机制所产生的新的能源需求而被部分甚至完全抵消，即产生了所谓的"能源回弹效应"。技术进步虽然能够提高能源效率而节约能源，但在能源效率提高的同时也会降低产品的单位生产成本与价格，引致产品需求和消费增长，从而引发更多的能源消费，最终导致能效提高所节约的能源被额外的能源消费部分抵消。

2.2.3 能源安全

2.2.3.1 能源对外依存度

在国内能源供给受到较大制约的背景下,持续攀升的能源消费只能依靠能源进口才能满足,这直接推高了中国的能源对外依存度,其中尤以石油和天然气的对外依存度问题最为严重。图2-10为2000～2017年中国能源总体、石油以及天然气对外依存度的变化趋势,可以发现,2000年以来中国能源总体的对外依存度变化趋势相对较为平稳且整体水平不高,2017年的能源总体对外依存度为22.26%,较2000年的9.75%增长了1.28倍。与之相比,石油和天然气的对外依存度问题则较为突出,除了个别年份出现短暂下降之外,其余年份均处于持续增长状态且增幅较为明显。其中,石油对外依存度较高,2000年即达到33.10%,之后分别于2004年、2008年与2015年突破40%、50%与60%。至2017年,中国石油对外依存度已经达到71.21%,且仍然保持着一定的增长势头。石油作为工业的血液,其对外依存度提高无疑加剧了中国的能源安全威胁。与石油相比,中国天然气行业发展尚处于起步阶段,而且实行政府指导的天然气定价政策,与等热值的煤炭相比,天然气价格偏高,从而在一定程度上抑制了天然气的消费增长,因此在2011年之前,其对外依存度均低于20%。然而,随着中国经济的快速增长、城镇化的加速推进,以及"气化"时代的到来,国内天然气供需缺口不断拉大,对外依存度不断攀升。同时,为了应对国际减排压力并缓解环境污染程度,中国实施了天然气进口税收优惠政策以鼓励天然气进口,使得2017年天然气的对外依存度达到了39.52%。为了解决天然气供需矛盾,中国提出了"海陆并举、液气俱重、多种渠道、保障供应"的天然气行业发展举措,天然气供应格局呈现出"西气东输、海气上岸、北气南下"以及"就近外供"的局面。然而,天然气进口面临的地缘政治风险也在加剧:一是双边贸易中长期天然气供给协议的可持续性难有保证;二是跨境管道面临着各国内部冲突、恐怖主义袭击以及双边关系恶化等一系列问题,严重影响着正在开发的管道的安全性;三是中国与中亚、欧洲、俄罗斯、美国等国家的博弈也会影响中国能源供给关系以及能源安全程度。

总体来看，虽然中国整体能源对外依存度并不高，但是石油和天然气的对外依存度问题则较为突出，能源对外依存度的加剧对中国能源消费提出了新的挑战，这也是能源消费结构改变的重要影响因素。

图2-10　2000～2017年中国能源对外依存度变化

数据来源：中国国家统计局

2.2.3.2　能源价格

国内能源价格对能源消费的影响可以从要素及市场均衡两个角度解释。在要素方面，能源价格的上升导致相关产品的成本增加；高能耗产业加速转型及效率提升，能源消耗降低。进一步来看，产业内相关企业为持续经营、保持利润空间和竞争优势，也会选择增加技术开发与投入，积极寻求替代动力能源，以此降低对能源的依赖。而在市场均衡方面，中国工业化进程中能源需求刚性化，供需失衡；能源价格上升刺激能源企业扩大生产及销售规模以满足巨大的能源需求，从而不利于产业节能降耗目标的实现。在实际的经济运行中，能源既是一种要素投入，也是一般商品，因此其价格变动可通过影响经济总量、产业结构、能源效率等变量间接影响能源消费。

此外，国外能源价格也会在较大程度上影响中国能源消费总量及结构。由于中国能源对外依存度不断攀升，再加上特殊的定价机制以及能源市场、资本市场等影响，国外能源价格对中国能耗的影响路径较为复杂。首先，在中国现行能源定价机制下，国内单品能源价格参考国外能源价格有条件联动,使得国外能源价格波动会直接影响国内能源价格变化,同时国外能源价格上升增加了中国能源产品的进口成本,也导致国内能源价格上升。其次,从要素投入的视角来看,国外能源价格上升推动了国内能源要素成本的上涨,产业结构调整加速,在企业利润驱动下增加技术投入以提高能源使用效率,产业能耗降低。最后,从能源金融属性出发,国外能源价格上升是经济环境基本面利好的信号,国内产业生产规模进一步扩大,对产业节能形成阻力;而国外能源价格的持续上升会增加经济增长中的通胀预期,在紧缩宏观政策预期下产业产出缩减,经济效益损失带来产业能耗降低。

综合来看,能源价格会对能源需求量产生直接影响,能源价格的降低导致能源需求量的上升是最基本的影响。此外,在能源需求刚性的条件下,某一种能源的价格发生波动,首先传导到本身的能源需求量,微观主体从自身利益最大化的角度出发,会选择成本最小的能源组合。国际能源价格方面,从表2-2和表2-3可以看到,国际市场的石油和天然气价格波动较大,国际石油和天然气市场的不稳定对中国能源消耗的影响较为复杂,主要通过"价格"和"预期"两条路径在一定程度上影响中国能源消费总量及结构。

表2-2 布伦特原油历史价格走势

年份	平均价/(美元/桶)	最高价/(美元/桶)	最低价/(美元/桶)
2019	64.76	74.94	53.23
2018	71.34	86.07	50.57
2017	54.71	66.8	44.82
2016	45.13	56.82	27.88
2015	53.03	66.33	36.11
2014	98.97	115.19	55.27
2013	108.56	118.9	96.84
2012	111.57	128.14	88.69
2011	111.26	126.64	93.52
2010	79.61	93.63	67.18
2009	61.74	78.68	39.41

续表

年份	平均价/(美元/桶)	最高价/(美元/桶)	最低价/(美元/桶)
2008	96.94	143.95	33.73
2007	72.44	95.92	49.95
2006	65.16	78.26	55.82
2005	54.57	67.26	40.75
2004	38.26	52.28	29.02
2003	28.85	34.94	23.23
2002	24.99	32.02	18.17
2001	24.46	30.68	16.51
2000	28.66	37.43	21.05

注：数据来源于伦敦国际石油交易所。

表2-3　NYMEX天然气差价合约（CFD）历史价格走势

年份	平均价/(美元/mmbtu)	最高价/(美元/mmbtu)	最低价/(美元/mmbtu)
2019	2.47	3.72	2.03
2018	3.05	4.93	2.53
2017	3.02	3.57	2.52
2016	2.68	3.99	1.61
2015	2.59	3.35	1.68
2014	4.22	6.49	2.88
2013	3.76	4.53	3.05
2012	2.89	3.93	1.90
2011	4.08	4.98	2.96
2010	4.33	6.11	3.21
2009	4.20	6.24	2.41
2008	8.91	13.69	5.21
2007	7.24	8.71	5.19
2006	7.07	11.00	4.05

续表

年份	平均价 /(美元/mmbtu)	最高价 /(美元/mmbtu)	最低价 /(美元/mmbtu)
2005	9.16	15.78	5.71
2004	6.31	9.20	4.52
2003	5.51	11.90	4.39
2002	3.46	5.53	1.85
2001	3.68	9.92	1.76
2000	4.58	10.10	2.13

注：1.数据来源于纽约商品交易所。
2.1mmbtu=1.055吉焦。

2.2.4 约束政策

能源消费总量政策尤其是对煤炭能源的限制性消费，环境约束政策尤其是以二氧化碳排放为主的排放约束，注定使得能源消费由传统高能耗高排放的能源转向更为清洁高效的能源，这无疑会对中国能源消费总量及结构变化产生重要的影响。

政策方面，2017年1月印发的《能源发展"十三五"规划》和2017年4月印发的《能源生产和消费革命战略（2016—2030）》中，对能源消费总量、能源结构、单位能耗、能源自给率等方面均提出了发展目标（表2-4），其中要求到2020年煤炭消费占比降至58%以下、非化石能源消费占比达到15%，这一目标已经提前完成。

表2-4 中国能源消费约束政策

项目	2020年目标	2030年目标
能源消费总量	50亿吨标准煤以内	60亿吨标准煤以内
煤炭消费占比	58%以下	—
非化石能源消费占比	15%	20%
天然气消费占比	力争10%	15%

注：数据来源于《能源发展"十三五"规划》《能源生产和消费革命战略（2016—2030）》。

2.2.5 电力能源消费的影响因素

分析能源消费结构的改善不仅需要考察总能源消费的影响因素,还需要深入分析各类具体能源的消费,尤其是现代社会最为重要的基础电力能源。人为温室气体大量排放引致的气候变化已经成为威胁全人类生存的严峻问题,控制温室气体排放刻不容缓。随着以中国为代表的越来越多的国家和地区提出实现碳中和的目标,温室气体减排工作迎来了新的挑战。鉴于电力能源的低碳属性,电力在终端能源消费中的比例持续提高是未来能源系统发展的重要趋势,同时可再生能源加快发展,进一步凸显电力在能源供应和消费中的重要地位。电力在能源经济绿色低碳转型过程中将发挥核心作用,在能源消费的增量和存量中对传统化石能源的替代将进一步加快。从图2-11中可以看到,中国目前的电力生产结构依然以火电为主,而火电中煤电又占据主要地位,鉴于中国的能源禀赋,合理的煤炭清洁高效利用也会影响能源消费的结构。

图2-11 2011～2020年中国电力生产量变化

数据来源:中国国家统计局

2.3 能源消费影响因素测算

在现有研究中,人口和经济等因素对环境的影响通常采用Ehrlich和Holden提出的IPAT方程加以量化考察,但IPAT方程因为形式不够灵活而存在无法进行计量分析的缺陷。Dietzand Rosa 提出了更加灵活的 STIRPAT 模型，即：

$$I=aP^bA^cT^de \tag{2-1}$$

式中，I、P、A 和 T 分别表示环境影响、人口因素、富裕程度和技术进步因素；a、b、c 和 d 为待估参数，e 为随机干扰因素。为了便于参数估计，将等号两边同时取自然对数，得到如下方程：

$$\ln I=\ln a+b\ln P+c\ln A+d\ln T+\ln e \tag{2-2}$$

本模型以能源消费作为因变量，引入人口规模和城镇化率作为人口因素的替换，人均国内生产总值与人均汽车保有量对应式（2-2）中的富裕程度，产业结构和能源强度对应技术进步因素，则得到模型：

$$\ln Ec=\ln a+\beta_1\ln Pop+\beta_2\ln Urb+\beta_3\ln Agdp+\beta_4\ln Acar+\beta_5\ln Is+\beta_6\ln Ei+\ln e \tag{2-3}$$

模型 lnEc、lnPop、lnUrb、lnAgdp、lnAcar、lnIs、lnEi 分别为能源消费总量 Ec、人口规模 Pop、城镇化率 Urb、人均国内生产总值 Agdp、人均汽车保有量 Acar、产业结构 Is 和能源强度 Ei 的对数值，β_1、β_2、β_3、β_4、β_5、β_6 为待估参数。

模型的数据来源于 2000～2019 年中国 30 个省（区、市）的经济统计年鉴及《中国统计年鉴》《中国能源统计年鉴》《新中国六十年统计资料汇编》等，其中城镇化率以非农业人口占总人口比例表示，产业结构为各地区二产占总增加值比重，能源强度以各地区能源消费总量与国内生产总值比值表示（表 2-5）。

表 2-5 变量描述性统计

变量	变量含义	（1）样本数	（2）平均值	（3）标准差	（4）最小值	（5）最大值
Ec	能源消费总量	540	11036	7837	480	38899
El	电力消费	540	1241	1093	38.37	5959
Pop	人口规模	540	4393	2648	517	11169
Urb	城镇化率	540	0.500	0.152	0.232	0.896

续表

变量	变量含义	（1）样本数	（2）平均值	（3）标准差	（4）最小值	（5）最大值
Agdp	人均国内生产总值	540	31008	24316	2759	128994
Acar	人均汽车保有量	540	0.0627	0.0533	0.00595	0.259
Is	产业结构	540	0.455	0.0790	0.190	0.590
Ei	能源强度	540	1.257	0.762	0.255	4.524

能源消费总量STIRPAT模型的结果如表2-6所示，模型（1）～（6）分别对能源消费总量的可能影响因素进行回归，以人口规模和城镇化率为代表的人口因素对能源消费总量的影响显著为正，表示随着人口规模的增长以及中国城镇化程度的不断提升，能源消费总量也在不断增加；以人均国内生产总值与人均汽车保有量所代表的富裕程度对能源消费总量的影响同样显著为正，即随着居民收入水平和生活水平的不断提高，居民对能源消费的需求也随之升高；而在技术进步的代理变量中，产业结构对能源消费总量的影响显著为正，即二产比例的提升会带来更多的工业能源消费，而能源强度对能源消费总量的影响显著为负，则表示随着技术的进步，虽然单位国内生产总值所需能源减少，但总量却依然增加，这也侧面验证了能源回弹效应。模型（7）的结果显示，在考虑所有可能影响能源消费总量的因素之后，城镇化程度对能源消费影响并不明显，而在综合考虑经济社会的发展后，技术进步确实会降低能源消费的总量。

表2-6 能源消费总量的影响因素回归结果

变量	（1）	（2）	（3）	（5）	（6）	（7）
	y	y	y	y	y	y
lnPop	3.667***					0.916***
	（4.01）					（27.09）

续表

变量	(1) y	(2) y	(3) y	(5) y	(6) y	(7) y
lnUrb		2.362***				−0.014
		(14.39)				(−0.46)
lnAgdp			0.563***			0.913***
			(25.04)			(22.84)
lnIs				1.070**		0.051*
				(2.17)		(2.04)
lnEi					−0.925***	0.974***
					(−12.72)	(41.59)
常数项	−20.862***	10.784***	3.399***	9.903***	9.107***	−7.716***
	(−2.80)	(88.98)	(15.09)	(24.93)	(1739.09)	(−13.07)
样本数	540	540	540	540	540	540
R^2	0.321	0.795	0.916	0.077	0.663	0.999
省份个数	30	30	30	30	30	30
省份固定效应	Yes	Yes	Yes	Yes	Yes	Yes
年份固定效应						Yes

注：*、**和***分别表示10%、5%和1%的显著性水平，括号内为稳健标准误。

电力能源消费STIRPAT模型的结果如表2-7所示，模型（1）～（6）分别对电力能源消费的可能影响因素进行回归，结果与能源消费总量的回归结果相似，但除产业结构外，其余因素对电力能源的影响程度都大于对能源消费总量的影响,这也证明了相比于其他传统能源,电力能源消费的增长幅度更大。而模型(7)的结果显示,与能源消费总量的回归结果不同,在考虑所有可能影响电力能源消费的因素之后,城镇化程度对电力能源消费影响依然显著,这证明城镇化对电力能源促增作用明显,而产业结构对电力能源消费的影响并不显著,这可能是由于二产中工业能源消费主要集中在传统化石能源,对电力能源的利用依然不足。

表2-7 电力能源消费的影响因素回归结果

变量	(1) y	(2) y	(3) y	(5) y	(6) y	(7) y
lnPop	4.897***					1.285***
	(3.96)					(3.38)
lnUrb		3.083***				0.350*
		(14.72)				(1.75)
lnAgdp			0.727***			0.822***
			(21.90)			(4.34)
lnIs				1.064*		0.216
				(1.77)		(1.61)
lnEi					−1.248***	0.924***
					(−13.70)	(4.07)
常数项	−33.158***	9.058***	−0.505	7.641***	6.872***	−11.771***
	(−3.29)	(58.57)	(−1.52)	(15.79)	(1047.66)	(−2.77)

续表

变量	(1)	(2)	(3)	(5)	(6)	(7)
	y	y	y	y	y	y
样本数	540	540	540	540	540	540
R^2	0.347	0.820	0.926	0.046	0.730	0.969
省份个数	30	30	30	30	30	30
省份固定效应	Yes	Yes	Yes	Yes	Yes	Yes
年份固定效应						Yes

注：*和***分别表示10%和1%的显著性水平，括号内为稳健标准误。

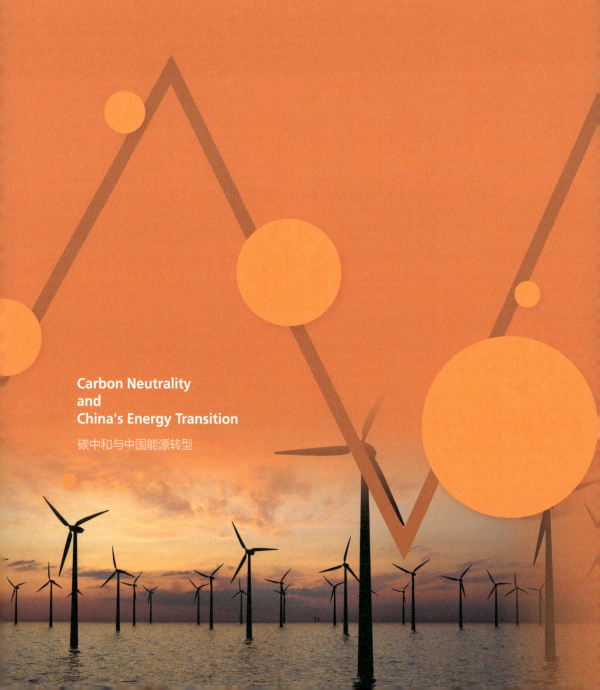

Carbon Neutrality and China's Energy Transition

碳中和与中国能源转型

第3章

碳中和背景下能源结构与碳排放的情景展望分析

3.1 分析框架
3.2 模型方法及情景展望分析思路
3.3 终端能源消费展望结果分析
3.4 一次能源消费展望结果分析
3.5 二氧化碳排放展望结果分析

3.1 分析框架

在全球共同积极应对气候变化的背景下，主要发达国家加速推进能源系统低碳化转型。中国已经成为全球最大的能源生产国和消费国，为支撑经济社会发展将带来能源生产消费总量的进一步上升，由于能源资源禀赋条件影响，煤炭长期在中国能源消费结构中占据主体地位，与此同时造成中国碳排放[1]总量不断攀升，面临着巨大的碳减排压力。

本章通过情景分析，展望未来中国不同时期可能的能源消费总量与二氧化碳排放量，提出中国能源转型与能源结构优化的参考方案。

3.2 模型方法及情景展望分析思路

3.2.1 模型方法

本书主要采用了情景分析方法，结合文献研究并参考国家中长期发展规划，展望不同时期的行业活动水平与用能效率，借助模型工具对中长期能源消费总量与二氧化碳排放量进行分析。

采用LEAP模型（long-range energy alternatives planning system），构建中国中长期能源转型与碳排放定量分析模型。

LEAP模型，即长期能源替代规划系统，是一个基于情景分析自底向上的"能源-环境"核算工具。LEAP模型通常又称为"终端能源消费模型"，由于包含了一套完整的"能源-环境"分析系统，因此被广泛应用到气候环境评估和能源政策分析中。国内外研究者已将LEAP模型广泛应用到工业电力行业、交通运输业、居民生活等领域，进行能源需求和温室气体排放预测。同时，LEAP模型也被广泛应用到国家、省级和城市的长期能源环境规

---

[1] 本书主要关注能源消费及其带来的二氧化碳排放，即化石燃料燃烧导致的二氧化碳排放。

划中，包括能源需求、能源加工转换、环境影响等环节。另外，LEAP模型可以根据不同政策规划设定不同情景，预测相应情景下的能源供应与需求，并计算能源在流通和消费过程中的环境排放量，通过分析进而得到相应的技术或政策效果。使用者可以根据研究对象的特点、数据的可得性、分析的目的和类型等来构造模型结构和数据结构，根据已有政策进行情景设定，综合考虑经济发展、人口、技术、价格等一系列假设，进而分析不同情景下的能源消耗和温室气体排放情况。

3.2.2 模型分析框架

本小节构建了中国中长期能源转型与碳排放定量分析模型，通过"自下而上"的建模方法，基于终端部门的活动水平、能源强度、能源结构等数据，对不同情景下各终端部门的能源消费进行计算、评估与预测。

模型以2019年为基期，2020～2060年为预测期，覆盖中国主要终端消费部门和各终端部门对能源的需求品种及种类。基于能源平衡表以及相关统计数据，对各终端消费部门根据核算类别进行重组、细化，对活动水平数据和终端能源强度进行了详细描述。

首先，模型对能源消费的终端部门进行了划分。根据各部门能源消费的占比，终端部门主要选择了工业部门、建筑部门和交通部门，而农林业、建筑业、批发零售住宿餐饮业以及居民生活等其他部门则根据各自的能源消费属性分别拆解并合并到工业、建筑和交通三个能源消费的主要终端部门中。

工业部门根据主要高耗能高排放行业分类，进一步细分为钢铁行业、有色金属行业、水泥（建材）行业、化工（石化和化工）行业以及其他行业；建筑部门以建筑运行相关能源消费为主要研究对象，进一步细分为公共建筑、城镇居住建筑及农村居住建筑三大类，其中考虑了北方城镇采暖；交通部门则围绕货运交通与客运交通，对公路、铁路、水路和民航四种主要交通运输方式进行了细分。

在对各终端消费部门进行细化的基础上，模型同时为每个终端部门设置了多种类型的终端消费能源，如煤炭、石油、天然气、电力、生物质能、氢能等。

模型进行能源需求情景展望计算的基本公式如下：

$$能源消费量 = \Sigma(能源服务量 \times 单位能耗 \times 能源结构) \quad (3-1)$$

其次，模型基于加工转换和资源供应模块设置了电力部门。电力部门基于对发电量、发电结构以及供电煤耗的情景展望分析，进而得出原煤、原油、天然气、非化石能源等电力系统一次能源的消费总量。

中国中长期能源转型与碳排放定量分析模型的具体框架如图3-1所示。

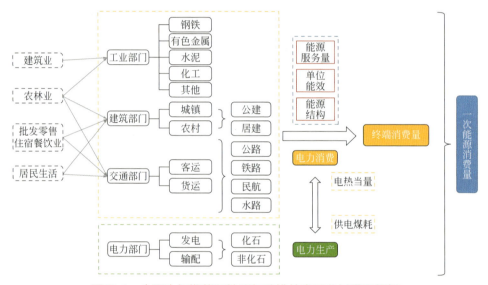

图 3-1　中国中长期能源转型与碳排放定量分析模型框架

3.2.3　情景设置

实现碳中和路径存在极大的不确定性，取决于后新冠疫情时代的社会经济发展态势、能源系统低碳转型速度、减排技术部署规模等多个方面。关于中长期经济社会宏观发展的判断，参考了包括党的十九大对实现第二个百年奋斗目标作出分两个阶段推进的战略安排（提出到2035年基本实现社会主义现代化，到21世纪中叶把中国建成富强民主文明和谐美丽的社会主义现代化强国）、党的十九届五中全会提出的2035年远景目标，以及十三届全国人大四次会议通过的《中华人民共和国国民经济和社会发展第十四个五年规划和2035年远景目标纲要》等规划和政策文件中的相关发展目标和发展要求。以能源系统转型、能源结构优化为主线，在参考《巴黎协定》2℃、1.5℃温升减排路径以及关于中国中长期低碳发展与能源转型的诸多研究成果基础上，开展相关参数设定，并探讨未来中国实现碳中和目标的可能路径。

中国已经明确提出力争2030年前二氧化碳排放达到峰值，努力争取2060年前实现碳中和，因此在总体满足以上经济社会发展要求的基础上，设置了两个情景：基准情景、碳中和参考情景。

基准情景，即趋势照常情景（business as usual，BAU），该情景下中国将延续碳达峰碳中和目标提出前的低碳发展政策力度，同时各行业的中长期能源相关技术进步将基于历史趋势呈线性发展。

碳中和参考情景将按照"30·60双碳"目标，大力推动经济社会发展全面绿色低碳转型，各行业将加快推进先进技术创新和低碳技术渗透，大幅提高非化石能源消费比重。

在考虑未来智能化、电气化、产业升级、城镇化加快等变化趋势的基础上，将展望不同的终端行业产品或能源服务需求。工业部门各行业重点考虑产业结构调整、贸易政策变化、上下游产业变动等因素；交通部门考虑新能源车推广、运输结构优化等因素；建筑部门考虑城镇化水平提高、老龄化加剧等因素影响。

总体而言，基于这两种情景设计来分析2020～2060年中国不同时期的能源消费总量，展望二氧化碳排放达峰时间及峰值水平，并重点选择碳中和参考情景对中国能源转型路径进行规划并提出相关政策建议。

3.3 终端能源消费展望结果分析

图3-2为两种情景下对终端能源消费总量的展望分析结果。基准情景下中国终端能源消费总量在2035年前后达峰，峰值约为37.6亿吨标准煤，到2060年终端能源消费总量预计下降至34.1亿吨标准煤。碳中和参考情景下终端能源消费总量预计在2025年左右达峰，峰值约为36.8亿吨标准煤，到

2060年终端能源消费总量将下降为26.9亿吨标准煤。

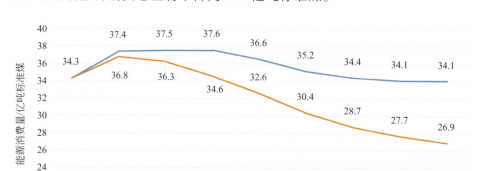

图 3-2　两种情景下终端能源消费总量展望

在基准情景下，工业部门的终端能源消费量预计在2025年左右达到峰值，峰值预计在23.6亿吨标准煤左右，到2060年工业部门的终端能源消费量预计在17.5亿吨标准煤左右；建筑部门的终端能源消费量预计在2050年左右达到峰值，峰值预计在9.44亿吨标准煤左右，到2060年建筑部门的终端能源消费量预计在9.39亿吨标准煤左右；交通部门的终端能源消费量在未来40年预计总体呈现上涨趋势，到2060年交通部门的终端能源消费量预计在7.2亿吨标准煤左右。

在碳中和参考情景下，工业部门终端能源消费量预计在2025年达峰，峰值约为23.3亿吨标准煤，到2060年预计在14.3亿吨标准煤左右；建筑部门终端能源消费量预计在2030年前后达峰，峰值约为8.9亿吨标准煤，到2060年预计约为7.9亿吨标准煤；交通部门终端能源消费量项目预计在2040年前后达峰，峰值约为5.5亿吨标准煤，到2060年交通部门终端能源消费量预计约为4.7亿吨标准煤。

由图3-3可见，两种情景下终端能源消费的部门结构中均是工业部门占比相对最高（50%～65%），交通部门占比相对最低（10%～20%）。

两种情景下，到2060年中国终端能源消费品种构成呈现电气化加速的整体趋势（表3-1）。

第3章 碳中和背景下能源结构与碳排放的情景展望分析

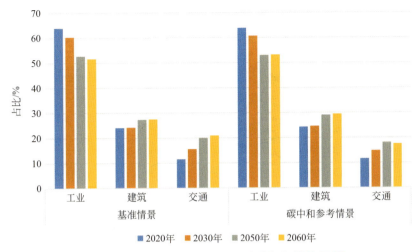

图 3-3 两种情景下终端能源消费部门结构展望

表 3-1 两种情景下分品种终端能源消费量

单位：亿吨标准煤

项目	基准情景			碳中和参考情景		
	2020 年	2030 年	2060 年	2020 年	2030 年	2060 年
煤炭	12.5	10.5	5.3	12.5	10.3	2.2
石油	5.8	6.9	5.7	5.8	6.4	1.9
天然气	4.3	5.0	4.8	4.3	4.9	1.6
电力	9.4	12.6	17.0	9.4	12.2	19.0
生物质能	0.7	0.9	1.0	0.7	0.9	1.7
氢能	0	0	0	0	0	0.3
其他	1.6	1.6	0.4	1.6	1.6	0.3
终端能源消费总量	34.3	37.5	34.1	34.3	36.3	26.9

由图3-4和表3-1可见，在基准情景下，终端煤炭消费量逐年下降，从2020年的12.5亿吨标准煤下降到2060年的5.3亿吨标准煤；终端石油消费量从2020年的5.8亿吨标准煤增加到2035年的7.0亿吨标准煤，随后逐渐回落到2060年的5.7亿吨标准煤；终端天然气消费量从2020年的4.3亿吨标准煤增加到2035年的5.2亿吨标准煤，2060年下降到4.8亿吨标准煤；终端生物质能消费量从2020年的0.7亿吨标准煤增加到2060年的1.0亿吨标准煤；终端电力消费量在2020年9.4亿吨标准煤的水平上增长到2060年的17.0亿吨标

准煤。该情景下，2060年的终端能源消费结构中煤炭、石油、天然气、生物质能和电力的占比分别达到15.5%、16.6%、14.1%、2.8%和49.8%。

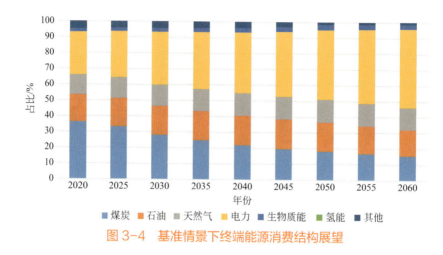

图 3-4 基准情景下终端能源消费结构展望

由图3-5和表3-1可见，在碳中和参考情景下，终端煤炭消费量逐年下降，从2020年的12.5亿吨标准煤下降到2060年的2.2亿吨标准煤；终端石油消费量从2020年的5.8亿吨标准煤增加到2025年的6.5亿吨标准煤，随后逐渐回落到2060年的1.9亿吨标准煤；终端天然气消费量从2020年的4.3亿吨标准煤增加到2030年的4.9亿吨标准煤，2060年下降到1.6亿吨标准煤；终端生物质能消费量从2020年的0.7亿吨标准煤增加到2060年的1.7亿吨标准煤；终端电力消费量在2020年9.4亿吨标准煤的水平上增长到

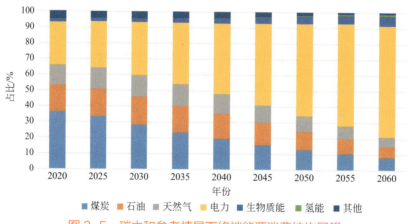

图 3-5 碳中和参考情景下终端能源消费结构展望

2060年的19.0亿吨标准煤。该情景下，2060年的终端能源消费结构中煤炭、石油、天然气、生物质能和电力的占比分别达到8.1%、7.1%、5.8%、6.2%和70.5%。

3.4 一次能源消费展望结果分析

本节所述的一次能源消费由终端部门一次能源直接消费与电力部门能源消费两部分构成。由于终端能源消费中的电力消费按照电热当量法计算，而在一次能源消费中电力消费应由供电煤耗法计算，因此终端部门取一次能源直接消费量，再与电力部门能源消费量（按照供电煤耗法计算得到）加总后即得到一次能源消费总量。

3.4.1 总量分析

在基准情景下，中国一次能源消费总量到2035年前始终保持增长趋势，并于2035年达到56.8亿吨标准煤的峰值，随着中国基本实现社会主义现代化目标，一次能源消费量逐步下降并进入平台期，从2050～2060年基本稳定在54.0亿吨标准煤左右。

在碳中和参考情景下，随着碳约束加强、能效提升、需求侧结构转型升级以及绿色低碳生产生活方式的不断普及，中国一次能源消费总量在2030年左右达峰，峰值约为54.0亿吨标准煤。从2030～2050年，随着中国实现全面建成社会主义现代化强国目标，城镇化进程基本完成，一次能源消费总量也实现较快下降，到2050年约为50.6亿吨标准煤，之后10年一次能源消费量下降速度逐渐放缓，到2060年减少到49.7亿吨标准煤。

由图3-6可见，两种情景相比总体趋势基本保持一致，自2030年开始受到技术进步、能效提升、需求侧结构转型升级以及绿色低碳生产生活方式普及程度等影响，两种情景下一次能源消费总量差距逐渐拉大。2030年碳中和参考情景实现达峰时比基准情景低1.8亿吨标准煤，到2060年碳中和参考情景相对基准情景减少了4.3亿吨标准煤。

图 3-6 两种情景下一次能源消费总量展望

3.4.2 结构分析

3.4.2.1 分部门一次能源消费结构

图3-7和图3-8分别为基准情景和碳中和参考情景下分部门一次能源消费结构。表3-2则总结了两种情景下关键年份分部门的一次能源消费量。

两种情景下都是电力部门一次能源消费占比最高,且呈现上升趋势,2020年占比约48%,2030年上升至55%;但从2035年之后,碳中和参考情景下电力部门占一次能源消费的比重快速提升,到2060年,两种情景下电力部门一次能源消费占比分别为69%和84%。在基准情景下,电力部门一次

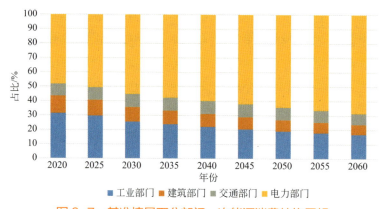

图 3-7 基准情景下分部门一次能源消费结构展望

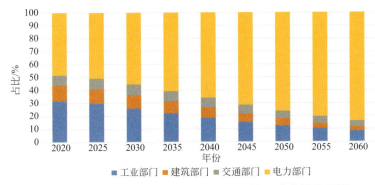

图 3-8 碳中和参考情景下分部门一次能源消费结构展望

能源消费量由 2020 年的 24.1 亿吨标准煤逐步增长到 2060 年的 37.2 亿吨标准煤;而在碳中和参考情景下,电力部门一次能源消费量由 2020 年的 24.1 亿吨标准煤快速增长到 2060 年的 41.7 亿吨标准煤。

两种情景下工业部门一次能源直接消费占比则呈现下降趋势,2020 年占比约 31.5%,2030 年下降至 26% 左右;自 2035 年之后,碳中和参考情景下工业部门占一次能源消费的比重快速下降,到 2060 年减少至 8.4%,而在基准情景下 2060 年工业部门占一次能源消费的比重约为 17%。在基准情景下,工业部门一次能源直接消费量由 2020 年的 15.8 亿吨标准煤逐步减少到 2060 年的 9.1 亿吨标准煤;在碳中和参考情景下,工业部门一次能源直接消费量由 2020 年的 15.8 亿吨标准煤逐步下降到 2060 年的 4.2 亿吨标准煤。

表 3-2 两种情景下分部门一次能源消费量

单位:亿吨标准煤

项目		基准情景			碳中和参考情景		
		2020 年	2030 年	2060 年	2020 年	2030 年	2060 年
终端部门一次能源直接消费量	工业部门	15.8	14.3	9.1	15.8	14.0	4.2
	建筑部门	6.0	5.6	3.6	6.0	5.5	1.6
	交通部门	3.9	5.1	4.0	3.9	4.6	2.3
电力部门		24.1	30.8	37.2	24.1	29.9	41.7
一次能源消费总量		49.8	55.8	53.9	49.8	54.0	49.8

两种情景下建筑部门一次能源直接消费占比在 2040 年前均高于交通部门,2040 年后交通部门一次能源直接消费占比逐渐超过建筑部门。在基准情景下,

建筑部门一次能源直接消费量由2020年的6.0亿吨标准煤逐渐下降到2060年的3.6亿吨标准煤；在碳中和参考情景下，建筑部门一次能源直接消费量由2020年的6.0亿吨标准煤减少到2060年的1.6亿吨标准煤。对于交通部门而言，在基准情景下，一次能源直接消费量由2020年的3.9亿吨标准煤快速增长到2030年的5.1亿吨标准煤，随后回落到2060年的4.0亿吨标准煤；在碳中和参考情景下，交通部门一次能源直接消费量由2020年的3.9亿吨标准煤逐步增长到2030年的4.6亿吨标准煤，随后回落到2060年的2.3亿吨标准煤。

3.4.2.2 分品种一次能源消费结构

两种情景下，到2060年中国一次能源消费品种构成随着碳排放约束趋紧而呈现去煤化加速、非化石能源占比迅速提升的整体趋势。

由图3-9和表3-3可见，在基准情景下，煤炭消费总量自2020年逐步下降，从2020年的28.3亿吨标准煤下降到2060年的7.4亿吨标准煤，占比由57%减少至14%；石油消费总量从2020年的8.9亿吨标准煤逐渐回落到2060年的6.0亿吨标准煤，占比由18%下降至11%；天然气消费总量从2020年的4.5亿吨标准煤增加到2060年的7.9亿吨标准煤，占比由9%提升至15%；非化石能源消费总量在2020年的8.0亿吨标准煤水平上增长到2060年的32.7亿吨标准煤，占比由16%提升至60%。

由图3-10和表3-3可见，在碳中和参考情景下，煤炭消费总量自2020年的28.3亿吨标准煤快速下降到2060年的4.5亿吨标准煤，占比由57%减少至9%；

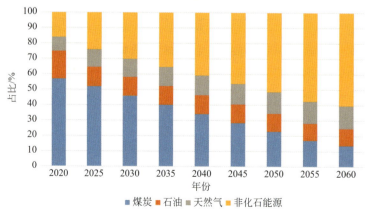

图3-9　基准情景下一次能源消费结构展望

第3章 碳中和背景下能源结构与碳排放的情景展望分析

石油消费总量从2020年的8.9亿吨标准煤开始下降，逐渐回落到2060年的1.9亿吨标准煤，占比由18%下降至4%；天然气消费总量从2020年的4.5亿吨标准煤增加到2035年的6.5亿吨标准煤，占比从9%提升至12%，随后逐步下降到2060年的3.2亿吨标准煤，占比减少至7%；非化石能源消费总量从2020年的8.0亿吨标准煤增加到2060年的40.1亿吨标准煤，占比由16%提升至81%。

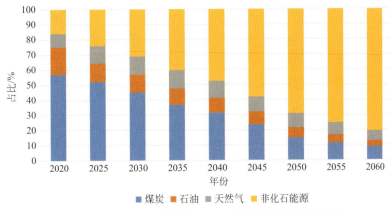

图3-10 碳中和参考情景下一次能源消费结构展望

对标《2030年前碳达峰行动方案》提出的2025年非化石能源消费比重达到20%左右、2030年非化石能源消费比重达到25%左右，以及《中共中央 国务院关于完整准确全面贯彻新发展理念做好碳达峰碳中和工作的意见》提出的到2060年非化石能源消费比重达到80%以上，碳中和参考情景下非化石能源占比在2025年达到24%、2030年达到31%、2060年达到81%的展望结果均符合国家的中长期发展规划方案要求。

表3-3 两种情景下分品种一次能源消费量

单位：亿吨标准煤

项目	基准情景			碳中和参考情景		
	2020年	2030年	2060年	2020年	2030年	2060年
煤炭	28.3	25.0	7.4	28.3	24.3	4.5
石油	8.9	6.9	6.0	8.9	6.4	1.9
天然气	4.5	6.6	7.9	4.5	6.4	3.2
非化石能源	8.0	17.3	32.7	8.0	16.8	40.1
一次能源消费总量	49.7	55.8	54.0	49.7	53.9	49.7

3.5 二氧化碳排放展望结果分析

3.5.1 分部门二氧化碳排放展望

从终端部门的二氧化碳排放结构展望分析结果来看,两种情景下中国工业、建筑、交通三个终端部门的二氧化碳排放占比较为接近。具体表现为,2030年基准情景下三个终端部门的二氧化碳排放占比分别为65%、21%、14%;碳中和参考情景下占比分别为66%、21%、13%。到2060年,基准情景下三个终端部门的二氧化碳排放占比分别为59%、19%、22%;碳中和参考情景下占比分别为62%、20%、19%。

从终端部门二氧化碳排放数值上来看,基准情景下工业部门的二氧化碳排放量从2020年的68.5亿吨下降到2060年的24.5亿吨;建筑部门的二氧化碳排放量从2020年的21.2亿吨下降到2060年的7.2亿吨;交通部门的二氧化碳排放量从2020年的9.4亿吨增加到2040年的13.8亿吨,随后逐步下降到2060年的8.8亿吨。碳中和参考情景下工业部门的二氧化碳排放量从2020年的68.5亿吨下降到2060年的14.3亿吨;建筑部门的二氧化碳排放量从2020年的21.2亿吨下降到2060年的4.0亿吨;交通部门的二氧化碳排放量从2020年的9.4亿吨下降到2060年的4.0亿吨(见表3-4~表3-6)。

表3-4 工业部门二氧化碳排放量　　　　　　　单位:亿吨

项目	2020年	2025年	2030年	2035年	2040年	2045年	2050年	2055年	2060年
基准情景	68.5	70.3	62.6	56.6	48.3	40.0	33.6	28.1	24.5
碳中和参考情景	68.5	69.6	61.3	50.6	42.4	31.6	22.3	17.8	14.3

表3-5 建筑部门二氧化碳排放量　　　　　　　单位:亿吨

项目	2020年	2025年	2030年	2035年	2040年	2045年	2050年	2055年	2060年
基准情景	21.2	21.4	20.3	18.6	16.2	13.9	11.8	9.0	7.2
碳中和参考情景	21.2	21.5	19.9	17.0	14.8	11.5	7.4	5.6	4.0

表 3-6 交通部门二氧化碳排放量　　　　　　单位：亿吨

项目	2020年	2025年	2030年	2035年	2040年	2045年	2050年	2055年	2060年
基准情景	9.4	11.4	13.5	13.8	13.8	13.1	12.0	10.3	8.8
碳中和参考情景	9.4	10.7	12.4	11.8	11.2	9.5	7.0	5.5	4.0

3.5.2　二氧化碳排放总量展望

总体来说，基准情景和碳中和参考情景下的二氧化碳排放量变化趋势基本一致（见图3-11）。具体地，中国的二氧化碳排放预计在2025年达峰，基准情景下的二氧化碳排放量峰值在103亿吨左右，而碳中和参考情景下的二氧化碳排放量峰值在102亿吨左右。之后呈现下降趋势，到2060年基准情景下的二氧化碳排放量在41亿吨左右，而碳中和参考情景下的二氧化碳排放量在22亿吨左右，两种情景下到2060年二氧化碳排放量的差值达到19亿吨。

需要说明的是，本小节关于二氧化碳排放总量的情景展望分析并未将碳汇、CCUS（碳捕集、封存与利用）等技术的负排放效益计算在内，因此到2060年仍存在一定的剩余排放。

图 3-11　两种情景下中国二氧化碳排放总量展望

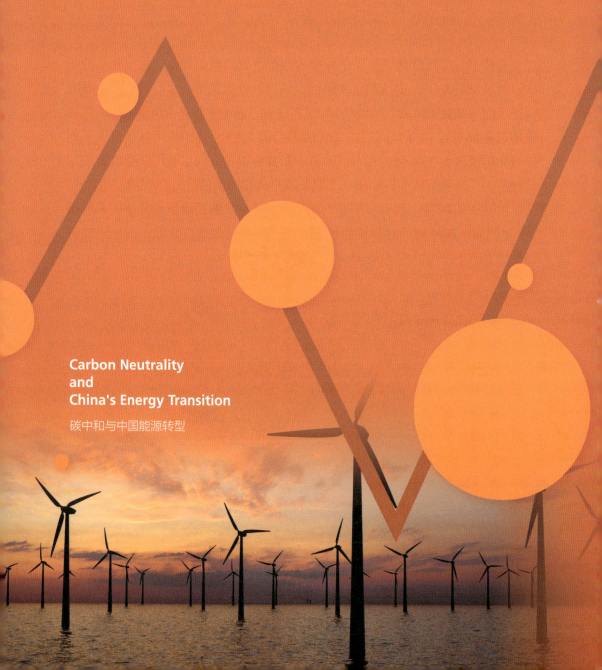

Carbon Neutrality
and
China's Energy Transition

碳中和与中国能源转型

第 4 章

中国能源转型的总体框架

4.1 基本原则
4.2 主要目标
4.3 方案设计
4.4 中国能源转型中应重点把握的若干方向

4.1 基本原则

坚持节约优先,提高能源效率。完善能源消费总量和强度"双控"制度,重点控制煤炭消费总量,壮大节能环保产业,推进能源循环梯级利用,加强能源系统整体优化,提高经济性,保持全社会综合用能成本在合理水平。

坚持立足国内,保障供应安全。大力提升油气勘探开发力度,发挥煤炭"压舱石"作用,完善能源储备和调峰应急设施,健全天然气产供储销体系建设,保障电网、油气管网等能源基础设施安全稳定运行,统筹利用两种资源、两个市场,推动能源进口多元化。

坚持清洁低碳,推进绿色发展。积极发展非化石能源,提升化石能源清洁高效利用水平,调整优化能源结构,加快生态文明建设,推动人与自然和谐发展。

坚持以人为本,增进民生福祉。加快能源基础设施建设,补强民生供能短板,满足人民美好生活对电力、天然气等清洁能源需要,优先保障和改善民生。

4.2 主要目标

第一,中国终端能源消费量应当争取在2025年左右达峰,峰值约为36.8亿吨标准煤;到2060年,终端能源消费量应当控制在26.9亿吨标准煤以内。从能源结构而言,到2060年中国终端能源消费应当持续提升电气化率;2060年终端能源消费结构中煤炭、石油、天然气、生物质能和电力的占比应分别达到8.1%、7.1%、5.8%、6.2%和70.5%。

第二,要不断提升非化石能源电力在中国发电结构中的占比,到2060年中国非化石能源发电占比应达到90.5%以上,而煤电的占比则应控制在5.5%以内。

第三，中国一次能源消费总量应当在2030年左右达峰，峰值约为54.0亿吨标准煤；从2030～2050年，一次能源消费总量要实现较快下降，到2050年约为50.6亿吨标准煤；到2060年下降至49.7亿吨标准煤左右。从能源结构来看，到2060年，中国一次能源消费中非化石能源消费占比应当增长至81%以上，煤炭的消费占比应当减少至9%以下。

4.3 方案设计

能源是经济社会发展的重要物质基础。改革开放以来，中国能源行业快速发展，已成为全球最大能源生产国和消费国，有力支撑了经济社会发展。同时也存在"一煤独大"的能源结构不合理、资源环境约束趋紧、能源安全风险高、能源利用效率低等深层次矛盾与问题，严重制约经济、社会、环境协调可持续发展，加快能源变革转型刻不容缓。

解决中国能源问题，实现能源结构优化转型的根本出路是以"创新、协调、绿色、开放、共享"新发展理念为指引，加快构建清洁低碳、安全高效的现代能源体系。建设中国能源互联网是构建清洁低碳、安全高效现代能源体系的重要举措。安全发展方面，以自主生产清洁电能替代化石能源，摆脱对进口油气资源依赖，从根本上保障国家能源安全；低碳发展方面，加快清洁替代和电能替代，促进能源系统尽快脱碳；清洁发展方面，从源头减少污染物排放，增进人民健康福祉；高效发展方面，提高煤电机组、电网基础设施利用效率，减少弃风弃光，提升电气化水平，降低能源强度。

中国能源结构优化方案建设总体分为增量替代、存量替代、全面转型"三步走"，到2060年全面建成清洁低碳、安全高效现代能源体系。

第一步，增量替代。到2030年，根本扭转化石能源增长势头，实现煤电规模达峰和布局优化，新增能源需求主要由清洁能源满足。此阶段化石能源仍应发挥主导作用。

① 安全发展。化石能源消费总量和对外依存度上升势头得到扭转。煤炭消费总量争取在2025年前尽早达峰。

② 清洁发展。非化石能源成为能源增量主体。2030年非化石能源占一

次能源比重从2020年的16%增至31%。

③ 高效发展。电能替代快速推进。2030年电能消费量占终端能源消费总量的比重从2020年的27%提高至34%。

④ 低碳发展。二氧化碳排放达峰。2025年前后能源相关二氧化碳排放量从2020年的99亿吨缓慢增至峰值102亿吨。

具体而言，工业、建筑、交通等终端用能领域应遵循"创新、协调、绿色、开放、共享"的新发展理念，以清洁发展为方向，以构建中国能源互联网为战略目标，加快"三个转变"，严控煤电总量、优化煤电布局，大力实施清洁替代和电能替代，加强电网互联互通，打造清洁低碳、安全高效的现代能源体系。生产环节，以清洁主导转变能源生产方式。电源发展要下决心扭转"一煤独大"局面。严控总量、优化布局，由主体电源转变为灵活调节电源，尽早达峰并有序退出。同时此阶段也应自上而下，加强对民众生态保护、低碳生活等方面的环境知识教育。

第二步，存量替代。到2040年，加速存量化石能源的清洁替代和电能替代，加快煤电退出，清洁能源和电能分别成为生产侧和消费侧第一大能源。此阶段可以制定较高比例的可再生能源发展目标，亦可逐步挖掘化石能源自身的"清洁潜力"，能源转型的方向应与新一轮产业革命的进程紧密联系。

① 安全发展。化石能源消费总量和对外依存度显著下降。煤炭消费总量快速下降，煤电加速退出；石油、天然气消费总量分别在2030年前、2035年前达峰。

② 清洁发展。非化石能源成为生产侧第一大能源。2040年非化石能源占一次能源比重上升至48%。

③ 高效发展。电能成为消费侧第一大能源。2040年电能消费量占终端能源消费总量的比重提升至45%。

④ 低碳发展。二氧化碳排放量快速下降。2040年能源相关二氧化碳排放量下降至68亿吨。

具体而言，此阶段最核心的任务是在能源生产、消费环节协同发力，打造清洁主导、电为中心、互联互通的中国能源互联网。生产环节，以清洁为主导转变能源生产方式。消费环节，以电为中心转变能源消费方式。加快电能替代，发展电制燃料产业，提升能源消费品质和安全保障能力。此阶段应大力开发西部、北部清洁能源基地，因地制宜发展东中部分布式能源，改变"一煤独大"能源结构。这一阶段应着力加强对能源市场的监管，确保低碳能源法规、政策与措施的落实，这样低碳能源发展才能有序，市场交易才能公平。同时应加强对能源设施安全和能源企业服务监管，确保用能企业和民众能享受到低碳、清洁、优质、高效、价廉的能源服务。

第三步，全面转型。到2060年，全面建成现代能源体系，实现能源清洁低碳、安全高效发展。

① 安全发展。化石能源供应和进口依赖问题得到根本解决。2060年煤炭、石油、天然气消费总量分别仅占一次能源消费总量的9%、4%、6%。

② 清洁发展。能源生产清洁化水平大幅提升。2060年非化石能源占一次能源比重提高至81%。

③ 高效发展。能源消费电气化水平显著提升。2060年电能消费量占终端能源消费总量比重提高至71%。

④ 低碳发展。二氧化碳排放量持续下降。2060年能源相关二氧化碳排放量下降至22亿吨。

具体而言，此阶段应实现能源生产和消费方式的根本性转变，全面建成以非化石能源为主体、电力为基础的气候友好型清洁低碳、安全高效的现代能源体系，为2060年前实现碳中和奠定低碳能源基础。这一阶段工业、建筑、交通等终端用能领域中应有发达的能源互联网技术产业作为支撑，同时有着统一开放、竞争有序的现代电力市场体系，电力市场与碳市场深度融合、协同发展，完全实现中国能源的变革转型。

总之，实现中国能源结构优化需要分三步走：

第一步，增量替代。2030年前，煤电控总量、调布局，新增能源需求主要由清洁能源提供，基本扭转化石能源增长势头。

第二步，存量替代。2040年前，煤电逐步退出，石油、天然气消费量达峰并稳步降低；非化石能源和电能比重加快提升，分别达到48%、45%。

第三步，全面转型。2060年前，全面建成现代能源体系，能源发展方式实现根本转变。届时煤炭消费占一次能源消费总量降至9%，非化石能源占一次能源比重提高至81%，实现能源安全、清洁、高效、可持续供应。

4.4 中国能源转型中应重点把握的若干方向

4.4.1 对能源结构的影响

为确保2030年之前实现碳排放达峰，能源系统的低碳转型势在必行。目前全国能源结构中，煤炭、石油等高碳能源占比高达80%左右，实现碳中和愿景任重道远。东部地区能源系统的低碳转型和绿色革命进程总体上必须快于全国。为此，东部地区（经济发达省份）需要从"十四五"初即深入推动能源系统低碳转型，能耗增量主要由外来电、天然气和新能源支撑。宏观面上看，要有序削减煤炭消费总量，严格控制石油消费增量，进一步提高新能源电力比例。从行业面上看，电力行业推动煤电装机有序到期退役，钢铁行业推动长流程改短流程，水运推动LNG替代，航空推动生物燃料使用，城市交通加快电动化进程，工业、建筑和居民生活加大节能力度，进一步提高电气化率。提前设定2025年高碳能源比重下降幅度，展望2030年下降目标。

4.4.2 对产业结构的影响

在前期国际经贸摩擦的严峻考验下，"十四五"期间，各地既要保持较快经济增速又要实现碳达峰，需统筹把握好两者关系，保持碳强度继续以较快速度下降。在碳中和目标下，更要求产业发展实现长期深度脱碳，推动发展方式的根本性转变。一是推动绿色低碳循环发展的产业体系加快建立。如设计持续深化低碳行动路线图，深入发展循环经济，以数字化和电气化推进深度脱碳。加快推进钢铁、石化等高耗能产业绿色转型，积极培育经济发展新动能。一些引领性的大企业将率先开展碳达峰、碳中和实践。二是推动绿色低碳的生产生活方式加快形成。通过积极倡导绿色消费，以绿色消费需求带动扩大绿色产品供给，营造全社会共同推动应对气候变化的良好氛围。三是推动各类资金加快投向绿色领域。

4.4.3 发挥技术创新优势形成绿色新动能

产业发展实现长期深度脱碳，还需要推进支撑深度脱碳的技术研发和产业化发展。一方面，需要统筹考虑短期经济复苏、中期结构调整、长期低碳转型，布局低碳技术，做好零碳炼钢、零碳化工等深度脱碳新技术储备，推动提升未来绿色产业的竞争力。另一方面，抓紧科创发力，加快高端清洁能源装备、储能和智能电网等先进适用技术的推广与应用，加快纯电、氢燃料电池等新能源汽车的部署，支持各领域电气化技术的研发与推广等。

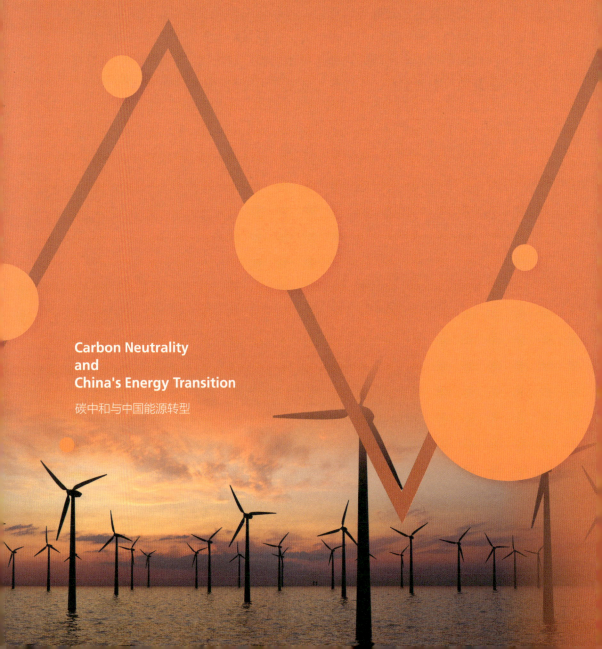

Carbon Neutrality and China's Energy Transition

碳中和与中国能源转型

第5章

中国中长期能源转型的保障措施

5.1 能源供给侧改革助力能源结构优化
5.2 发展绿色金融助力能源结构优化
5.3 强化风险防范助力能源结构优化

5.1　能源供给侧改革助力能源结构优化

5.1.1　加快能源绿色低碳转型

提高煤炭清洁高效利用水平。统筹大气污染防治和降碳达峰工作，将重点区域的煤炭消费总量控制和能源安全供应协同推进，加强清洁能源替代设施建设和空间布局。对煤炭使用场景和使用工艺加强质量管理，大力发展煤炭洗选加工，推动煤炭分级分质利用。推进民用散煤、工业燃煤锅炉和窑炉等耗煤领域的清洁化替代和设备改造。推进煤电清洁高效发展，提高大容量、高参数、低污染煤电机组比例，优化电力市场交易和调度运行机制，充分发挥清洁高效煤电机组环保效能，推动煤电行业加速转型升级。

大力发展可再生能源。加快可再生能源中东部和南方地区的布局。通过电力系统的调峰能力建设，促进可再生能源发电就近消纳，有序扩大"三北"地区的风电和光伏发电外送规模。加快补贴退坡，全面推进陆上风电和光伏发电平价上网。加快推进生物质能、地热能、海洋能等综合开发利用，推进生物燃料乙醇产业的发展，积极推动可再生能源供热和供暖。

有序发展水电与核电。推动水电基地的建设，优化流域大型水电的开发布局，控制中小型水电站的开发。科学论证消纳方向和市场，切实完善西电东送的相关机制，保障水电能合理消纳。

5.1.2　构建智慧高效能源系统

着重提高能源生产利用效率。贯彻实施2021年9月国家发展和改革委员会（以下或简称发改委）印发的《完善能源消费强度和总量双控制度方案》（发改环资〔2021〕1310号）。各地在制定"碳达峰"工作方案后，鼓励当地工业领域优先甚至强制采用先进节能工艺技术和设备，严格建筑节能标准，提高终端供热、供冷的能效标准，优化交通运输结构，加大新能源车的普及率。

优化能源流向和布局。在区域能源协同发展的背景下，加强能源基础设施的互联互通，在调峰和应急保障方面共建共享，提升区域互供互保能力。促进区域间的资源优化配置。提前谋划综合能源基地外送，发挥电网优化资源配置的平台作用，提高输电通道利用率和清洁能源输送比例。结合煤炭生产布局，优化煤炭调运平衡，提高重点地区煤炭稳定供应能力。完善城镇配电网，减少薄弱地区散煤使用。

提前构思智慧能源系统。以终端用能需求为导向，依托配电网、配气网、热力网等能源网络，加强分布式能源公平接入，推动能源供需一体化。建设智慧平台，将储能、大数据、物联网、5G等先进技术融合，加快源网荷储系统建设，多种能源形态可灵活转换和存储。在重点地区将智能化煤矿、数字油田、智慧电厂等示范工程与用能高区域建设结合，探索智慧能源发展新模式。

5.1.3 增强能源安全保障能力

把握煤炭的"压舱石"定位。基于国内能源结构，仍需要发挥煤电机组在生产系统运行中的托底保障作用，保持煤电装机的合理规模，满足生产生活需求。推进煤制油气产业相关战略基地站址的规划布局，形成国家能源安全的技术储备和产能储备。

推动能源进口多元化。在国际形势变化较快的预判下，有意识促进能源进口区域、渠道、品种、合作方式和贸易方式多元化，在开放格局中维护能源安全。优化海外油气权益区块布局，巩固海外五大传统油气合作区，保障陆上油气进口安全。

加强能源储备能力建设。扩大石油储备规模，完善政府储备、企业社会责任储备和生产经营库存相结合的石油储备体系。建立以地下储气库和沿海LNG接收站为主，重点地区内陆集约化、规模化LNG储罐为辅，管网互联互通为支撑的多层次储气系统。

5.1.4 推动能源体制绿色转型

推动低碳导向的能源体制改革。结合电力市场建设，培育集冷热电气等能源品种为一体的商业模式，将节能管理和电力负荷管理相结合，能源咨询、设计、生产、运维等总包的综合能源服务模式和供应商。促进绿色金融推动能源低碳转型，发挥社会资本效率优势，助力城市的分布式光伏发展。积极探索电力金融市场建设，将交易品种、机制、模式逐步完善，稳妥做好交易中心股份制改制、售电侧改革、增量配网等改革工作。

区域能源协同提高能源利用效率。在粤港澳大湾区、长三角一体化示范区等区域，开展能源规划战略衔接，推动清洁能源跨省重大工程谋划与建设。将能源上下游一体化深度合作，进一步加强与国内能源输入地区的战略合作，多种方式参与清洁能源研发与应用。

5.2 发展绿色金融助力能源结构优化

5.2.1 碳中和背景下的绿色金融发展现状

中国绿色金融起步时间较晚，但在政策推动下发展迅速。2016年8月，中国人民银行、财政部等七部委联合印发《关于构建绿色金融体系的指导意见》，系统搭建起了中国的绿色金融发展政策框架。该文件对绿色金融的定义是"支持环境改善、应对气候变化和资源节约高效利用的经济活动，即对环保、节能、清洁能源、绿色交通、绿色建筑等领域的项目投融资、项目运营、风险管理等所提供的金融服务"。

经过多年的研究与实践，中国正逐步建立起一整套完备的绿色金融政策体系。随着碳达峰碳中和目标的提出，该体系正不断更新完善。从表5-1中可以看出政府与市场正在双轮驱动，激励更多金融机构和社会资本开展绿色投融资，向绿色发展领域倾斜。中国人民银行数据显示，截至2021年末，中国本外币绿色贷款余额15.9万亿元，同比增长33%，存量规模居全球第一。2021年境内绿色债券发行量超过6000亿元，同比增长180%，余额达1.1万亿元，为支持绿色低碳转型发挥了积极作用。

第5章 中国中长期能源转型的保障措施

表5-1 中国绿色金融重点政策汇总

名称	机构	主要内容	时间
《绿色贷款专项统计制度》	中国人民银行	明确绿色贷款的统计对象、统计内容、统计标准，实施要求，并将绿色信贷情况正式纳入宏观审慎评估框架（MPA），以量化指标引导金融机构合理、高效地支持绿色产业	2018年
《绿色产业指导目录》	国家发改委、工业和信息化部、自然资源部、生态环境部、住房和城乡建设部、中国人民银行、国家能源局	系统性地阐述了国内绿色发展的重点领域，对绿色产业、绿色项目界定与分类进行权威界定，对国内厘清绿色产业和绿色项目边界具有里程碑意义	2019年
《绿色融资统计制度》	银保监会	基于《绿色贷款专项统计制度》的整体框架进行调整，并将银行对非金融企业的绿色债券投资纳入统计	2020年
《关于促进应对气候变化投融资的指导意见》	生态环境部、国家发改委、人民银行、银保监会、证监会	首次从国家政策层面将应对气候投融资提上议程，为气候变化领域的建设投资、资金筹措和风险管控进行了全面部署，并形成一套与碳中和相适应的投融资体系	2020年
《碳排放权交易管理办法（试行）》	生态环境部	旨在利用市场机制控制和减少温室气体排放，并规范全国碳排放权交易及相关活动，是推动绿色低碳发展的一项制度创新	2020年
《绿色债券支持项目目录（2021年版）》	中国人民银行、国家发改委、证监会	债券"绿色"属性的识别基于国家发改委牵头编制的绿色产业目录，遵循四个层次的结构，前三个层次与国家发改委牵头编制的绿色产业目录相一致，第四层包括对具体经济活动的更详细描述，对具体技术标准和环境标准进行了明确，并纳入了关于"无重大损害"原则的表述，使其更接近欧盟分类方案和全球通行原则	2021年

续表

名称	机构	主要内容	时间
《关于建立健全生态产品价值实现机制的意见》	中共中央办公厅、国务院办公厅	《意见》从生态产品价值实现路径的角度，提到和鼓励以水权、林权使用权抵押、产品订单抵押等绿色信贷业务的方式，探索"生态资产权益抵押+项目贷"的方式，使用绿色金融支持生态环境提升和绿色产业发展	2021年
《银行业金融机构绿色金融评价方案》	中国人民银行	绿色金融评价指标包括定量和定性两类。其中，定量指标权重80%，定性指标权重20%。绿色金融评价结果纳入央行金融机构评级等中国人民银行政策和审慎管理工具	2021年
《金融机构环境信息披露指南》	中国人民银行	明确覆盖商业银行、资管机构、信托公司、保险公司四类机构，鼓励金融机构每年至少对外披露一次环境信息	2021年
《关于完整准确全面贯彻新发展理念做好碳达峰碳中和工作的意见》	中共中央、国务院	明确提出积极发展绿色金融。有序推进绿色低碳金融产品和服务开发，设立碳减排货币政策工具，将绿色信贷纳入宏观审慎评估框架，引导银行等政策性金融机构为绿色低碳项目提供长期限、低成本资金。鼓励开发性金融机构按照市场化法治化原则为实现碳达峰、碳中和提供长期稳定融资支持。支持符合条件的企业上市融资和再融资用于绿色低碳项目建设运营，扩大绿色债券规模。研究设立国家低碳转型基金。鼓励社会资本设立绿色低碳产业投资基金。建立健全绿色金融标准体系	2021年

续表

名称	机构	主要内容	时间
《2030年前碳达峰行动方案》	国务院	明确提出各级人民政府要加大对碳达峰、碳中和工作的支持力度。建立健全有利于绿色低碳发展的税收政策体系，落实和完善节能节水、资源综合利用等税收优惠政策，更好发挥税收对市场主体节能降碳和资源综合利用的促进作用。完善绿色电价政策，健全居民阶梯电价制度和分时电价政策，探索建立分时电价动态调整机制。完善绿色金融评价机制，建立健全绿色金融标准体系。大力发展绿色金融，绿色股权、绿色债券、绿色保险、绿色基金等金融工具，设立碳减排支持工具，引导金融机构为绿色低碳项目提供长期限、低成本资金，鼓励开发政策性金融机构按照市场化法治化原则为碳达峰行动提供长期稳定融资支持。拓展绿色债券市场的深度和广度，支持符合条件的绿色企业上市融资、挂牌融资和再融资。研究设立国家低碳转型基金，支持传统产业和资源富集地区绿色低碳转型。鼓励社会资本以市场化方式设立绿色低碳产业投资基金	2021年
《关于完善能源绿色低碳转型体制机制和政策措施的意见》	国家发改委、国家能源局	明确提出建立支撑能源绿色低碳转型的财政金融政策保障机制，包括完善支持能源绿色低碳转型的多元化投融资机制，完善能源绿色低碳转型的金融支持政策	2022年

5.2.2 碳中和背景下的能源转型投资机会巨大

碳达峰碳中和目标将倒逼并加速中国低碳转型进程，绿色低碳逐渐成为中国长期价值投资的新风向。中国政府将绿色发展上升为国家战略，国家大力推动绿色金融发展，为"双碳"成为长期价值投资新标的创造了良好的政策环境，使得越来越多的投资主体在"双碳"发展方向指引下寻找新价值投资标的。

在碳中和目标下，中国的能源转型意味着能源供给和消费方式的重大转变，更高质量的经济发展将由总量更低、结构更优化的能源体系来支撑。在供应端，化石能源未来逐步被新能源和可再生能源取代，绿色电力使用比例也将进一步提升。在需求端，资源与能源利用模式将被重塑，主要体现在可再生资源利用、能效提高、高耗能行业的大规模电气化以及氢能等新能源的利用。

如表5-2所示，中国能源转型将在各领域催生巨大的投资市场。此外，能源转型还将创造大量新增就业机会，低碳新兴行业将带来的新增就业机会将高达4000万个以上，主要集中在可持续能源生态系统当中，以可再生能源发电领域为主，其次是电网和电气化基础设施行业。

表5-2 不同机构和研究者测算实现"30·60双碳"目标的投资需求

研究者/机构	测算范围/行业	投资需求	时间范围
易纲	全国	2030年前每年投入2.2万亿元； 2030～2060年每年投入3.9万亿元	2021～2060年
中金公司	全国	绿色投资需求约为139万亿元； 2021～2030年的绿色投资需求约为22万亿元	2021～2060年
清华大学气候变化与可持续发展研究院	全国	总投资需求为174.38万亿元	2020～2050年

续表

研究者/机构	测算范围/行业	投资需求	时间范围
落基山研究所和中国投资协会	资源回收、能源效率、需求侧电气化、零碳发电、储能、氢能和数字化	从2020～2050年将撬动约70万亿元的基础设施投资	2020～2050年
中央财经大学绿色金融国际研究院	全国	为实现中国2030年"碳达峰"的目标，自2021年起累计绿色投资需求的保守估计是14.2万亿元	2021～2030年
红杉资本	全国	绿色投资年金缺口3.84万亿元	2021～2060年
渣打全球研究团队	全国	127万亿～192万亿元投资需求；平均每年投资3.2万亿～4.8万亿元	2021～2060年
中国金融学会绿色金融专业委员会	全国（参照《绿色产业指导目录》，覆盖了200多个绿色产业领域）	绿色低碳投资累计需求达487万亿元	2021～2050年

5.2.3 助力能源结构优化的绿色金融市场工具

5.2.3.1 碳排放交易

碳定价是脱碳的关键要素，还将激励脱碳技术的创新和进步。中国陡峭的碳减排成本曲线意味着有必要深化科技创新、部署封存技术并实施有效的碳定价。

目前，碳排放交易市场主要可以分为两个部分：配额交易市场和自愿交易市场。其中，配额交易市场包括基于配额的交易和基于项目的交易。基于配额的交易是在总量一定的前提下，由碳排放量的买者基于自身的排放需求，向管理者购买排放配额的方式。这种方式将"碳排放量"充分商品化，在市场价格机制的推动下，促进企业减少温室气体排放量，降低对"碳排放量"的需求，从而降低成本。而基于项目的交易是指设立专门的核证机构，核实减排项目的实际减排额，买家可向超额实现减排额的项目购买"减排额"。这两种交易机制促进了"碳排放量"的流动性，同时在控制总排放量的同时，使得各个企业和项目获得一定的缓冲时间，依据自身的实际经营情况和技术水平，逐步实现减排目标，而"碳排放量"的市场交易价格则是促进企业加快减排步伐的强大动力。自愿交易市场则是出于非强制性目标出发，自愿进行碳交易，以提升品牌形象、提高社会效益和体现企业的社会责任感。碳排放交易提供了一种解决全球性公共物品的全新思路和方式，并且促进了发达国家和发展中国家在碳排放量和清洁能源开发中的合作，其市场发展前景极为可观。

全国碳市场最初仅覆盖发电行业，根据电厂发电量及其对应的基准线（基于机组燃料类型及发电技术）分配配额。全国碳市场覆盖将逐步扩大至其他七个行业（民航、有色金属、钢铁、建材、化工、石化和造纸），并将成为全球最大的碳市场。

全国碳市场第一个履约周期为2021年1月1日～12月31日。截至2021年12月31日，全国碳市场碳排放配额累计成交量达1.79亿吨，成交额达76.84亿元；按履约量计，全国碳市场第一个履约周期的履约完成率为99.5%。

目前全国碳市场仍存在制度体系不健全；基础设施支撑不够；市场覆盖范围小；市场不活跃、价格低；监测、报告和核查机制不完善；缺乏国际话语权等一系列问题。针对以上问题，建议：

（1）加快制度体系建设　全国碳市场建设应有清晰、长远的顶层架构体系。一是建议将二氧化碳排放许可纳入《中华人民共和国环境保护法》相关规定，明确碳排放权的法律属性，为全国碳市场体系建设提供上位法支撑；二是尽快正式出台《碳排放权交易管理办法》，明确碳排放权金融属性，将碳排放权现货交易、碳金融产品以及碳金融衍生品纳入金融监管。

（2）**完善交易基础设施** 在现有全国碳市场基础设施的基础上，充分运用大数据、人工智能、云计算等数字技术，推动全国碳市场与金融要素市场的基础设施建立互联互通机制，实现信息交互，逐渐形成一套完整的绿色产融链，同时为未来更好地实现"期现联动"打基础。

（3）**逐步扩大覆盖范围** 一是打造多层次复合型碳市场格局。建立运行平稳的强制减排市场，将自愿减排市场尽快纳入全国碳市场建设体系中。二是扩大行业覆盖范围及交易主体范围。逐步将钢铁、化工、水泥等八大重点排放源行业纳入全国碳市场；鼓励银行、证券公司、基金公司等金融机构参与全国碳市场；根据市场成熟情况，适时允许个人投资者参与全国碳市场。三是构建多样化碳市场产品体系。加快构建完整的碳现货产品体系，在全国碳排放配额的基础上，尽快规划国家核证自愿减排量和碳普惠制核证减排量产品等品种。

（4）**完善MRV机制** MRV是指碳排放的量化与数据质量保证的过程，包括监测、报告、核查三部分内容。完善中国MRV法律法规制度体系建设，制定法律效力等级高的基础性法律；对碳核查相关方进行能力建设，明确MRV管理体系主管部门、企业、第三方核查机构等主要参与主体职责；对碳核查进行质量控制，建立监督评估机制，强化主管部门执法监督，加大对问题核查机构的处罚力度。

（5）**加强国际合作** 为争取并引领气候变化领域的国际话语权，全面提升中国在国家气候变化领域的影响力，全国碳市场需与国际主流碳市场建立充分的国际合作，两种机制应该逐渐趋同。学习借鉴国际标准，探索国际链接，积极参与全球环境治理，帮助沿线国家增强应对气候变化能力；积极推动国际碳定价机制建设，主动参与全球碳定价机制的研究，争取中国在国际碳定价中的主导权。

5.2.3.2 清洁能源投资

目前，清洁能源投资面临诸多障碍，包括对于消费者而言高额的前期投入，对于投资者而言可感知的实际投资风险，对于项目商业情况而言不切实际的融资条件，以及体制性障碍和政策障碍，消费者和投资者之间信息不对称，传统的政府补贴计划不足以推动市场实际增长等问题。

为有效解决上述障碍，需要不断改进政策措施和金融手段，特别是针对服务水平尚不成熟的部分细分市场，提出以下几点建议。

① 强化监管措施，为环境市场价格的确定性提供保障，打击不可持续的实践行为，有效刺激银行业对绿色产品和绿色服务的需求。长期政策目标若能一以贯之，可以有效降低清洁能源技术推广应用的风险，同时撬动更多的民间资本投资清洁能源。

② 调整财政政策，为低碳转型提供可持续性的财政保障。财政政策的系统性变革需要下述具体行动：拓宽国家和地方各级政府的收入渠道，降低财税收入与碳之间的依赖程度；以碳中和为引领目标，制定财政和预算激励措施；发挥政府采购和公共支出的作用，推动市场向低碳转型。财政资金作为重要的市场信号，对于引导资金向清洁能源技术市场投入具有重要的作用，特别是对于处于初级发展阶段、具有较好减排潜力但风险较高的新技术。

③ 鼓励和引导私营部门资本参与低碳转型。金融和能源政策制定者要创造有利条件，创新政策体系，特别是改革金融系统，来鼓励和引导私营部门参与清洁能源基础设施的融资和开发。增强市场透明度，加强绩效、风险、成本和投资机会等方面的信息披露，能极大提升清洁能源资产的地位，同时撬动私营部门投资。例如，尽管具体落地实施还需要一段时间，但中国证券监督管理委员会已于2020年发布了针对所有上市公司的强制性环境、社会和公司治理（ESG）信息披露时间表。此外，强化风险意识、拉长投资期限，有利于合理预估金融系统风险，从而帮助投资者在低碳转型中抓住机遇、应对风险。数字化也为调动私营部门投资带来了新机遇。

5.2.3.3　转型金融

企业绿色转型需要转型金融支持，主要是因为高碳企业向低碳或零碳业务转型的过程中需要大量资金支持，且由于转型中的企业通常属于高碳企业，不属于绿色范畴，因而难以获得绿色金融的直接支持。在这个转型过程中，需要投入新的技术、设备、人力，购置土地等资源。但如果无法获得融资，转型就难以实现。因此，有效的转型金融安排有助于高碳企业退出高碳业务，加速其低碳转型，同时有助于减少转型带来的金融风险和社会风险。

转型金融的概念是在全球推动气候转型和发展气候金融、绿色金融、可持续金融的背景下提出的，指在经济主体向可持续发展目标转型的进程中，为其提供融资以帮助其实现转型的金融活动。转型金融的服务支持对象未必一定是绿色的，可以是棕色的，甚至可以是碳密集或高环境影响的。转型金融更强调应对气候变化和低碳转型，强调经济活动、市场主体、投资项目和相关资产沿着清晰的路径向低碳和零碳过渡。与绿色金融相比，其涵盖范围更广，不只是支持在转型中受益的主体，也可为在转型中处于困境的主体提供融资。

中国目前总体上仍处于工业化和城镇化的发展进程中，经济形式仍以工业、制造业为主，国家的基础设施仍需要大力建设以满足人民群众改善生活水平的现实需求，因而社会经济的发展仍处于需要消耗大量能源和资源的阶段。而为了应对气候变化、实现碳减排碳达峰碳中和等一系列发展目标，需要金融体系一方面提供持续的资金支持，确保当前经济和社会的运行平稳有序；另一方面要对有利于实现碳中和目标的经济活动提供额外支持，尤其是那些可以通过低碳改造实现绿色转型的投融资活动。这就需要在传统意义上的绿色金融之外，大力发展转型金融，支持部分高碳行业的转型实践。

针对转型金融发展，提出以下建议。

（1）明确转型技术路径，制定转型金融标准　作为规范资金用途和防范"洗绿"风险的重要手段，明确的转型金融界定标准不可或缺。比如，该标准需要明确哪些行业或经济活动应该转型，主要的转型路径有哪些，转型所需要的时间，效果该如何评估等。

（2）明确转型相关的信息披露要求　与传统金融市场和绿色金融产品相比，转型金融所支持的项目或经济活动所要跟踪和报告的量化目标更多，更具有动态性，技术性也更强，需要更加严格的信息披露要求。为了在支持转型金融的同时防止"洗绿"，监管部门应该明确对获得转型融资企业的信息披露要求。

（3）创新转型金融产品，满足不同转型路径融资需求 截至2020年末，中国金融业机构总资产超过300万亿元，其中银行业金融机构贷款余额170余万亿元，而绿色贷款占比只有10%左右。这意味着在2060年实现碳中和目标前，中国多数金融资产及其支持的经济活动中，绝大多数都需要转型。在此过程中，需要推出各类支持转型的金融产品，包括转型基金、转型贷款、转型债券、转型担保等各类融资工具，也可以探索使用债转股的手段来支持转型。

（4）综合运用各类配套措施，设置适当的激励机制 在融资和金融监管方面，可以考虑借鉴央行再贷款对于绿色金融的激励机制，设立支持转型金融的专项政策；在财税方面，对于积极主动转型的高碳行业企业，可考虑允许对固定资产加速折旧，并对转型融资投资者提供税收减免。这些措施将有助于提升社会资本对转型投资的回报率预期，从而激励更多的金融资源参与低碳转型项目。

5.2.4 发展绿色金融助力能源结构优化的政策建议

5.2.4.1 构建支持绿色发展的绿色金融支持体系

绿色金融作为绿色发展的"润滑剂"和"助力器"，对产业结构调整、转型升级优化有着重要影响，可为引领经济绿色高质量发展提供重要动力。

（1）构建绿色产业认定及绿色金融评估体系 应持续完善绿色项目、绿色企业认定评价办法，探索制定绿色农业、绿色消费等重点发展领域绿色认定标准，划定产业边界，协调部门共识，凝聚政策合力。加快培育全国性绿色评估认证机构，支持相关交易所开展绿色债券评估认证业务并争取相关资质，完善绿色认证评估体系。引进国外信誉良好、专业性强、影响力大的第三方评级机构、绿色认证机构，支持开展绿色企业和绿色项目资质审核、绿色信用评级等业务。

（2）加大绿色产业投资力度 遵循"政府支持、商业运作"原则，按照"母基金+地方直投基金"组合模式，在以国内大循环为主体、国内国际双循环相互促进的新发展格局下，聚焦能源、工业、建筑、交通四大重点领域碳排放降低和低碳技术创新、碳汇和负排放技术等领域能力提升，进一步设立多层级绿色产业发展基金，以绿色项目系统推进绿色低碳转型。积极鼓励对水、风、光等可再生能源的有效综合利用，着力构建清洁低碳、安全高效能源体系。壮大节能环保、新能源、循环利用等产业。

（3）建立财政税收支持机制 加强财政金融互动，对发行绿色债券和绿色上市企业给予奖励。符合条件的绿色产业项目库企业可按规定享受税收优惠。对符合条件的生态环保项目给予财政融资贴息支持。建立绿色企业、绿色项目认证制度，推动形成支持绿色金融发展的政策合力，提高绿色投资社会认可度。

5.2.4.2 鼓励金融机构加大绿色金融产品创新力度

发挥金融机构的引导作用，首先要推进绿色金融产品创新，应积极鼓励金融机构进行绿色金融产品创新，以产品创新有力推动绿色金融的发展。

（1）大力发展绿色信贷服务 鼓励银行业金融机构制定绿色信贷投放指引，建立和完善绿色信贷管理制度，尤其是针对目前财政资金远远不能满足环保产业的投资需求和环保企业本身投资周期长、效益较低、传统抵押贷款业务难以满足资金需求的特征，积极鼓励金融机构敢于突破传统意义上的抵押担保业务模式，结合环保产业特征、企业融资需求等因素，充分发挥碳排放权、排污权等无形资产的价值，创新绿色信贷产品类型，如节能减排专项贷款、排污权质押贷款、能效贷款等。鼓励将环境、社会和公司治理及企事业单位的环保信用等级与环境信用信息纳入投融资决策。

（2）鼓励和支持绿色债券融资 支持地方法人金融机构发行绿色金融债券，募集资金用于支持绿色企业、绿色项目。支持符合条件的绿色企业开展直接融资，探索发行碳中和债券、气候债券、转型债券等创新品种，积极开拓海外绿色债券渠道，扩大绿色直接融资规模。推动发行绿色资产支持债券、绿色项目收益债券等资产证券化产品，盘活绿色信贷资源。鼓励信用评级机构将绿色信用记录纳入信用风险考量,在信用评级报告中进行专项披露。

(3)积极发展绿色保险 支持保险机构创新绿色保险产品和服务,逐步扩大环境污染责任保险试点覆盖面,将环境风险高、环境污染事件较为集中的领域或相关企业纳入环境污染责任保险中。引导保险机构探索差别化保险费率机制,将保险费率与企业环境风险管理水平挂钩,发挥费率杠杆调节作用。鼓励保险资金支持绿色基础设施、绿色产业园区等重点项目及园区建设,提供长期稳定资金支持。

(4)支持绿色企业上市融资与再融资 进一步完善绿色企业上市挂牌后备资源库。支持符合条件的绿色企业在沪深证券交易所、新三板等上市(挂牌)融资、再融资,促进绿色企业加快发展。丰富环境权益融资工具。支持围绕碳排放权、用能权、用水权等环境权益交易创新开发金融产品。支持商业银行开发推出基于碳资产的信贷产品、探索环境权益等创新金融产品。

5.2.4.3 积极创建绿色金融的良好发展氛围

(1)推动有条件地区积极申建国家绿色金融改革创新试验区 建设绿色金融改革创新试验区,有利于更多资本参与绿色投资,推动绿色金融发展和地方经济绿色转型升级,为实现零碳发展奠定更为坚实的基础。

(2)基于全国碳市场,推进环境权益交易市场建设 支持各地区积极参与全国碳市场,进一步突出地方碳市场特色,做优做大国家核证自愿减排量(CCER)交易。探索设立个人碳账户,建立符合中国实际的CCER交易体系。鼓励企业积极参与用能权有偿使用和交易试点,推动能源要素更高效配置。

(3)构建绿色金融统计监测制度 加强监测指导,建立绿色信贷专项统计制度。开展绿色信贷业绩评价,引导金融机构增加绿色信贷投放。支持金融机构加强绿色信贷能力建设,探索建立有效的绿色信贷考核评价体系和奖惩机制,为决策提供可靠数据基础。

(4)推进绿色信息共享平台和机制建设 完善绿色金融综合服务平台,

打造集绿色政策宣介、绿色评定评级、投融资对接、ESG信息披露、绿色信息共享、绿色产业推广、绿色权益交易为一体的绿色产业大数据及绿色金融综合服务平台。

5.3 强化风险防范助力能源结构优化

5.3.1 气候变化风险

气候的多变和极端天气事件对能源安全构成了越来越大的威胁。高温可能会降低能源效率、改变其能量产出潜力，并影响对制冷的需求。降水模式的变化可能会改变发电输出，同时对传输和分布网络带来物理风险。海平面上升可能会限制新资源的开发，并威胁到海岸线附近现有的能源系统。

在许多国家，自然灾害和极端事件类似热浪、寒潮、干旱、飓风和洪水的发生频率及密度的提升是大规模停电的一个重要原因。例如，2021年2月异常寒冷的天气在得克萨斯州造成巨大的电力短缺。这些事件表明，随着气候变化加剧，能源系统将面临更高风险。

国际能源署（IEA）在其报告中概述了气候对能源系统的影响，并为决策者和主要利益攸关方提出应逐步实施的措施建议，以提高能源系统应对气候变化影响的能力。它强调了气候弹性的好处和气候影响的成本，这些气候变化对于能源部门和消费者往往有着不同程度的影响。各国政府应更好地监测影响，落实具有成本效益的弹性措施，包括采办供应物品和研发资助。为了使公用事业和电网公司等电力系统的所有者及运营商能够直接投资保护其资产，法规需要考虑到加固能源基础设施和相关投资的预防性效益。

5.3.2 金融风险

伴随着极端天气发生频率越来越高，长期气温变化和海平面持续上升等因素都将使金融行业越来越多地受到气候变化物理风险的影响，造成诸如资产减值、保险理赔增加等情况，使银行业和保险业面临持续且严峻的风险。低碳转型虽然可以减轻气候变化引起的物理风险，如果不加以预防和合理管控，也会给金融行业造成风险。中国要实现低碳转型，必须将气候减缓和适应并重，进行全方位的政策、监管、技术和市场改革。改革可能给银行、保险公司和资产所有者带来不同程度的市场风险和声誉风险。转型风险也会因不同行业、不同资产类型、不同地理区域和时间段而有所区别。2021年4月，中国人民银行、国家发改委和证监会共同发布了《绿色债券支持项目目录（2021年版）》，将"清洁煤"和其他化石能源项目排除在绿色债券投资范围之外。被除名的项目包括燃煤电厂超低排放改造、煤炭清洁生产利用、灵活调峰燃煤电厂运营改造、非常规油气勘探开发设施、煤层气开发利用等。中国在境内和海外投资中大规模削减煤炭而引起的大范围资产搁浅和公司贬值，会给金融系统带来挑战。

绿色经济转型也为中国金融部门创造了机遇。大量证据表明，企业通过提高生产销售效率可以有效降低运营成本。对新能源和可再生能源技术的投资，将为金融部门创造新的机遇。金融机构应当主动在新市场或新开发的资产类型中寻找机遇，促进投资组合多样化，为低碳转型做准备。

同时金融机构有必要采取行动，促进低碳转型，应对物理风险和转型风险。为了把控潜在的物理风险和转型风险，首先，金融机构要对正在遭受这些风险影响的投资组合进行评估，并探索减轻和分散风险的方法；其次，要分析资产可能遭受的财务风险，评估提升风险抵御能力的各种方案；最后，将物理风险和转型风险因素纳入财务模型，量化收益、投资选择和退出机制。

中国人民银行和其他金融监管机构正在考量气候相关的金融风险，制定政策以及采取行动来实现高质量增长目标。中国已经在国际金融市场规则制定方面取得良好开端，并且正在发挥更大的引领作用。中国人民银行高度重视气候相关风险及其与宏观经济稳定性的关联作用。央行副行长陈雨露曾多次强调，气候变化将对金融稳定构成潜在风险。他指出，央行正在将气候风险纳入宏观审慎评估（MPA），并研究为应对转型风险宏观经济与金融行业的相互作用。2020年初，中国银行保险监督管理委员会发布

《关于推动银行业和保险业高质量发展的指导意见》，呼吁中国银行业和其他金融机构设立绿色金融部门，发展绿色信贷，管控潜在的环境社会风险，以建立完善环境和社会风险管理体系，提高机构能力水平。上述举措的主要目的在于确保银行业和保险业的高质量发展，以应对新冠疫情造成的国内经济下滑。不过值得关注的是，环境和气候风险因素已成为银行授信优先考虑事项之一。

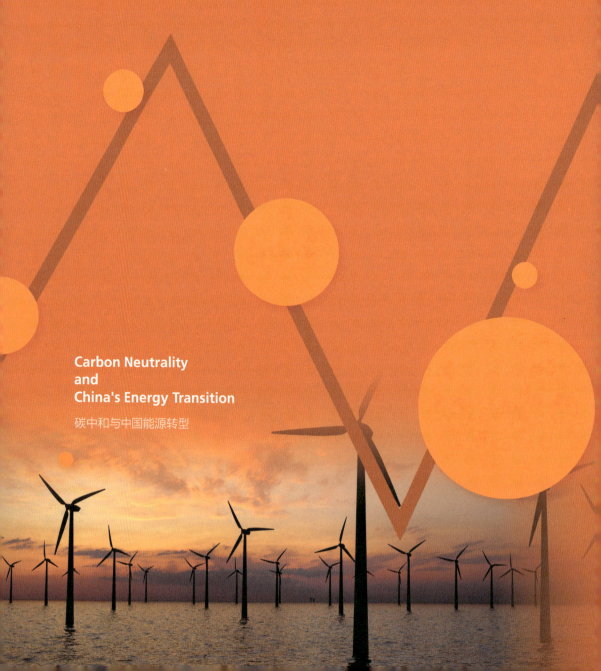

Carbon Neutrality and China's Energy Transition

碳中和与中国能源转型

第6章

工业部门能源结构优化路径研究

6.1 工业部门发展现状
6.2 工业部门中长期发展趋势展望分析
6.3 工业部门能源消费总量与结构展望分析
6.4 工业部门能源结构优化的目标与路径
6.5 工业部门能源结构优化的对策

随着中国碳达峰目标的提出，逐步有工业细分行业提出二氧化碳排放达峰时间倡议与相关行动方案。2021年10月26日，国务院印发《2030年前碳达峰行动方案》（以下简称《方案》），以深入贯彻落实党中央、国务院关于碳达峰、碳中和的重大战略决策，扎实推进碳达峰行动。《方案》提出，重点实施能源绿色低碳转型行动、节能降碳增效行动、工业领域碳达峰行动、城乡建设碳达峰行动、交通运输绿色低碳行动、循环经济助力降碳行动、绿色低碳科技创新行动、碳汇能力巩固提升行动、绿色低碳全民行动、各地区梯次有序碳达峰行动"碳达峰十大行动"。

实施重点行业节能降碳工程，推动电力、钢铁、有色金属、建材、石油化工等行业开展节能降碳改造，提升能源资源利用效率。工业领域要加快绿色低碳转型和高质量发展，力争率先实现碳达峰。其中要求，一是推动工业领域绿色低碳发展；二是推动有色金属行业碳达峰；三是坚决遏制"两高"项目盲目发展。《方案》提出，要大力发展循环经济，全面提高资源利用效率，充分发挥减少资源消耗和降碳的协同作用。到2025年，废钢铁、废铜、废铝、废铅、废锌、废纸、废塑料、废橡胶、废玻璃9种主要再生资源循环利用量达到4.5亿吨，到2030年达到5.1亿吨。

本章针对中国工业部门及其主要细分行业的能源消费来进行情景展望。考虑以往研究分类方法和本章需要，重点选取了工业部门中能源消费占比最高的钢铁、水泥、有色金属、化工四个主要行业进行代表性分析，并推演出工业部门的能源消费情景展望结果。

6.1　工业部门发展现状

改革开放以来，随着工业化进程的加快，中国工业迅速发展。在国内外需求的驱动下，中国工业产品产量不断增加。由于过去几十年国内生产总值的迅速增长，中国钢铁、有色金属、建材、化工等重要基础原材料的增速也很快，甚至明显高于同期国内生产总值的增速。根据中国工业增加值历史数据，2020年全年全国规模以上工业增加值比上年增长2.8%，2014～2019年工业增加值年均增长率为6.3%，工业增加值增速在未来一段时期将逐步放缓进而保持相对稳定。2019年，中国工业部门终端能源消费量为21.9亿吨标准煤（电热当量法计算，不含电力、热力、燃气及水生产和供应业），工业部门中几个主要的高耗能行业（钢铁、水泥、有色金属、化工）占工业部门（不含电力、热力、燃气及水生产和供应业）能源消费总量超70%。具体从以下几个高耗能行业的发展现状来看。

中国钢铁行业二氧化碳排放量占全国二氧化碳排放总量的15%左右，是国内二氧化碳排放量最高的制造业行业。目前正在编制的《钢铁行业碳达峰及降碳行动方案》提出，中国钢铁行业碳达峰目标初步定为：2025年前，实现二氧化碳排放达峰；到2030年，二氧化碳排放量较峰值降低30%。从省（区、市）来看，钢铁行业二氧化碳排放量较高的地区均为钢铁厂集中的地区，其中河北省作为中国唯一粗钢产量超过2亿吨的钢铁大省，其二氧化碳排放量遥遥领先其他省（区、市），碳减排压力巨大。从生产工艺来看，国内长流程（烧结、高炉、转炉、轧钢）生产工艺的二氧化碳排放量要大大高于短流程（废钢、电炉、轧钢）生产工艺。主要原因在于长流程生产工艺是以煤炭为能源、焦炭为还原剂来进行辅助冶炼，而煤炭和焦炭是钢铁行业产生二氧化碳排放的主要来源。根据2021年3月16日在张家港举办的《再生钢铁原料》国家标准宣贯暨技术研讨会上的专题报告数据，全废钢电炉短流程吨钢二氧化碳排放量只有0.5～0.7吨，远远低于长流程吨钢排放2.0～2.4吨的水平。从长流程各主要环节来看，炼铁环节二氧化碳排放量最大，占整个长流程生产二氧化碳排放总量的73.6%。目前，国内炼钢技术主流仍然是长流程工艺。近几年长流程工艺粗钢产量占全国粗钢总产量比重始终维持在90%左右，是造成钢铁行业较高二氧化碳排放强度的主要原因。随着中国城镇化进程完成，对建筑钢材的需求也将下降，而且更多的钢材将来自废钢循环利用，因此钢铁行业二氧化碳排放的比例也将随之减小。此外，在现有高炉生产技术的基础上，钢铁生产能效还有潜力得到进一步提高。

水泥行业是世界第三大能源消耗行业，占工业能源消耗的7%，也是世界第二大二氧化碳排放行业，占全球二氧化碳排放的8.3%。中国水泥行业2020年二氧化碳排放约12.3亿吨，约占全国的13%。2021年年初，中国建筑材料联合会向全行业发出倡议，建材行业要在2025年前全面实现碳达峰，水泥等行业要在2023年前率先实现碳达峰。与其他国家相比，中国的人均水泥存量和消费量已经处于较高水平，且由于基础设施建设热潮接近尾声，中国未来的水泥产量和消费量将呈下降趋势。虽然中国的水泥行业能效水平已处于世界领先地位，但仍有进一步提升的空间。

2020年，有色金属行业二氧化碳的排放总量约为6.6亿吨，其中铝冶炼行业二氧化碳排放约5亿吨，占有色金属行业总排放量的76%。中国有色金属工业协会初步提出，有色金属行业2025年实现碳达峰，2040年实现减排40%，2060年达到碳中和。分产品看，原铝生产电解环节单耗大，属高耗能行业，产量又居于工业金属之首，因此铝冶炼是中国有色金属冶炼中消耗电力的主体，2020年用电量达到5052亿千瓦·时，占有色金属行业2020年用电量的比重高达78%。

化工行业是煤炭重要下游应用领域之一。据国家统计局数据，2019年中国煤炭占化石能源总比85%。对于化工行业而言，其占比煤炭下游消费约为19%，是煤炭重要下游应用领域之一。在实际应用中，煤炭既作为化工生产的动力源，同时也是甲醇、合成氨等煤化工行业重要的原材料。以煤化工为例，其是以煤为原料，生产各类能源产品以及化工产品的行业，是国内化工行业的重要细分子行业，也是化工行业中的"用煤大户"。根据绿色和平组织测算，国内煤化工产品在2015年的二氧化碳排放量占中国工业排放量的13%，是二氧化碳排放强度相对较高的化工子行业。

6.2 工业部门中长期发展趋势展望分析

6.2.1 工业主要产品产量

由于工业部门涵盖众多的行业，为了保证研究的合理性、科学性和可行性，参照统计年鉴中的划分方式，从各个重点行业入手，基于各行业能源消费占总量的比重，对2019年工业部门的能源消费情况进行了分析。统计年鉴中工业部门细分为39个行业，其中中国工业部门能源消费的主要领域包括石油、煤炭及其他燃料加工业、化学原料及化学制品制造业、非金属矿物制品业、黑色金属冶炼及压延加工业、有色金属冶炼及压延加工业，即钢铁、水泥、有色金属、石油和化工四大高耗能行业。2019年四大行业能源消费占工业总能耗的70%，因此这四大高耗能行业的未来发展将对中国整个工业部门的发展产生重大影响。鉴于此，本节拟将工业部门划分为四大高耗能行业和其他行业进行情景展望分析（除四大高耗能行业以外的行业统一归类于其他行业，其他行业不再细分）。

由于工业领域产品众多，考虑到研究的可行性原则，难以做到逐个分析，因此针对四大行业的具体产业细分，重点选取粗钢、水泥、电解铝、乙烯、合成氨、甲醇等在现在及未来发展中较为重要的、产品产量较大的、能耗水平相对较高的子行业进行研究和展望分析。

6.2.1.1 钢铁行业

钢铁作为工业部门主要的能源消费产品，与中国城镇化建设、工业化进程，包括人均各方面指标挂钩。

中国是世界上最大的钢铁生产国和消费国。在1998～2013年，粗钢产量以每年14%的速度增长。2014～2016年，粗钢产量每年下降0.2%。2017～2019年，中国粗钢产量再次增长，每年增长7%。过去两年钢铁总产量的增长主要是由于中国钢铁行业产能削减后，钢铁产品的市场需求带动价格上涨推动了产量的增长。中国钢铁出口在2015年达到顶峰，世界钢铁协会的数据显示，中国2015年出口钢铁1.12亿吨，进口1500万吨，净出口9700万吨，占中国钢铁总产量的12%。此后，2018年钢铁出口下降至6700万吨，当年净出口5300万吨，仅不到中国钢铁总产量的6%，约占世界钢铁总交易量的12%。根据《中华人民共和国2020年国民经济和社会发展统计公报》，2020年中国粗钢产量10.65亿吨，占全球的56.4%；共消费9.95亿吨钢材，占全球的56.2%。其中，建筑部门钢铁消费量占总消费量的58.3%，机械制造占16.4%，汽车制造占5.4%。

从二氧化碳排放的角度看，2020年中国钢铁行业碳排放量占全球钢铁碳排放总量的60%以上，占全国碳排放总量的15%左右，是仅次于电力部门的第二大排放源。钢铁行业的碳减排对于中国实现碳中和至关重要。

中国钢铁产业结构特征是以长流程钢为主，长流程钢的吨钢二氧化碳排放量是短流程钢的3倍多。目前，中国钢铁行业90%以上的产能是采用高炉（BOF）技术生产的长流程钢，使用废钢和电力的电炉技术（短流程钢）约占生产总量的10%。长流程炼钢的能源消耗以煤炭为主，吨钢综合能耗为550千克标准煤左右，吨钢二氧化碳排放约为2吨。短流程炼钢是以电力为主要能源来源，吨钢电耗约为500千瓦·时，吨钢二氧化碳排放约为0.6吨。相比于美国钢铁绝大部分来自电炉技术生产，中国人均钢铁存量仍在增长，废钢供应相对于需求非常有限。

中国钢铁行业即将进入以总需求长期下降为趋势特征的发展阶段。随着中国城镇化率按照规划速度，从目前的60%上升到2030年的70%左右，用于房地产和新基础设施建设的建筑用钢材需求将会逐渐达峰并进入下降阶段。

此外，随着中国人均钢铁蓄积量的不断扩大，废钢资源的蓄积量也随之增大；早期进入消费环节的建筑、汽车和其他设备达到使用年限，将加速释放出越来越多的废钢资源量，废钢价格也很可能将会大幅下降，为加速发展以废钢为原料的短流程炼钢创造了有力条件。预计未来有越来越多的钢材将来自循环利用废钢的短流程生产。2020年，中国可统计废钢供应量约2.6亿吨，相比目前中国粗钢产量10亿吨量级，废钢资源供应远未达到可以支撑高比例短流程炼钢的程度。有专家预计，2025年、2030年中国废钢供应总量将分别达到3.4亿吨和4亿吨以上。如果中国废钢供应量能够按照上述趋势持续增长，且相关的产能置换、电价优惠、环保、土地等政策予以配套，中国再生钢也可以实现快速规模化增长。

综合前述影响因素，及当前技术水平和发展规划，预计"十四五"期间中国粗钢产量将会达到峰值约11.6亿吨（见图6-1）。随着中国基建潮渐进尾声，以及短流程钢占中国钢铁总产量比例提升，粗钢产量达峰后逐渐开始下降，预计到2050年将降至5.0亿吨左右，2060年将进一步下降至3.6亿吨左右。

6.2.1.2 水泥行业

中国是世界上最大的水泥生产国，从1995年占全球产量的30%增长到2019年的56%，中国的水泥产量高于世界其他所有国家的总和，更是达到世界水泥产量排名第二的印度10倍左右。根据国家统计局数据显示，2020年

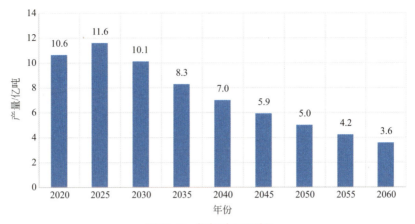

图 6-1　粗钢产量展望

全国规模以上企业水泥产量23.77亿吨。其中，水泥熟料产量达到15.79亿吨，同比增长3.07%。与生产成本相比，水泥的运输成本较高，因此进出口水泥的量很少。中国海关数据显示，2018年中国进口水泥量为1360万吨，出口水泥量仅有460万吨。

数据显示，2020年中国水泥二氧化碳排放12.3亿吨，占建材行业二氧化碳排放总量的84.3%，占全国二氧化碳排放总量的比例约为13%。正因为庞大的二氧化碳排放占比，水泥行业能否提前实现碳达峰，对于建材行业能否如期实现碳达峰至关重要，甚至会影响到国家的整个碳减排进度。

经济发展阶段和城镇化水平是影响水泥消费峰值的关键。发达国家水泥行业发展经验表明：一个国家或地区的水泥需求或消费量与该国或该地区所处的经济发展阶段密切相关。当一个国家或地区的处在经济起步阶段时，水泥需求量呈缓慢上升态势；当一个国家或地区的经济进入高速增长期时，水泥需求量呈快速增长态势而达到水泥需求的高峰期，此时应当处在经济高速增长时期的大规模建设阶段；当一个国家或地区的经济进入成熟期后，水泥需求量会逐渐平稳，并趋近于一个常量。

快速城镇化和工业化是中国建筑热潮的主要推动因素，进而催生了中国的大量水泥需求。2010～2014年，中国水泥的消费量增长达33%。基础设施和房地产行业的水泥需求占总需求的比例达55%。经过多年的增长，中国的水泥产量在2014年达到了24.8亿吨的峰值。随着基础设施建设浪潮的退去，结合中国目前的人均水泥存量、城镇化率及和发达国家的对比情况，中国未来的水泥生产和消费量将很可能大幅下降。

同时，水泥需求量的减少还可能受到以下几方面的影响。第一是中国建筑的使用年限预计将逐渐增长。目前，中国建筑的平均使用寿命较短，与欧美国家存在较大差距。第二是中国建筑的空置率预计会降低。目前较高的建筑空置率造成了相当大的水泥浪费。第三是高性能混凝土的应用将提高资源使用效率，从而降低水泥的需求量。第四是去产能政策的驱动。"十三五"期间中国已经实现水泥去产能3亿吨。在去产能政策作用下，中国水泥产量自2014年后始终保持在22亿～24.8亿吨。

水泥是中国重要的基础原材料，在未来一段时间里水泥建材的作用仍是不可替代的。基于现状分析，2014年总量达峰后，近几年中国水泥产销量基本已经进入平台期，未来出现产量上升的可能性较小。因此，预计"十四五"期间水泥产量将维持在24亿吨左右，此后将持续下降，2060年下降至约6.7亿吨（见图6-2）。

图 6-2 水泥产量展望

6.2.1.3 有色金属（铝）行业

国家统计局数据显示，2020年中国十种有色金属产量首次突破6000万吨，达到6168.0万吨，同比增长5.5%。其中，精炼铜产量1002.5万吨，同比增长7.4%；原铝产量3708.0万吨，同比增长4.9%；六种精矿金属产量603.2万吨，同比增长1.6%。

铝工业是有色金属行业主要的高能耗、高二氧化碳排放工业。铝工业包括原铝生产、再生铝和铝加工及产品制造等产业链，其中原铝生产二氧化碳排放量约占铝工业二氧化碳总排放量的95%。原铝电解是铝工业二氧化碳排放最大的生产环节，其排放约占总排放量的88%，决定了铝工业二氧化碳排放总量的峰值。

再生铝二氧化碳排放量远低于电解铝，但中国当前再生铝产量占铝总产量较低，与国际水平仍有较大差距。据统计，2018年中国再生铝产量占比铝产量仅为16.26%，而美国与日本再生铝产量占比铝产量分别为80.63%与100%。随着越来越多在用铝存量进入报废期，铝废料的产生量将持续增加，预计未来中国再生铝产量将持续上升，逐渐成为铝材的主要原料。

未来能源结构中光伏发电将占据极为重要的地位，在今后相当长的一段时间内是光伏发电的大发展时期。由于铝材在太阳能装备系统中得到了广泛应用，即使没有重要的新用途出现，未来一段时间铝材的产量仍将继续提高。同时，考虑到铝材具有轻质、强度高、耐腐蚀、可多次循环利用等优势，以及技术的不断进步，铝在建筑、交通、电力等领域的应用范围可能会扩大，并导致原铝产量峰值的提高和达峰年限的推迟。因此，预计中国电解铝产量到2040年达峰，峰值约为4687万吨，2060年回落到4005万吨左右（见图6-3）。

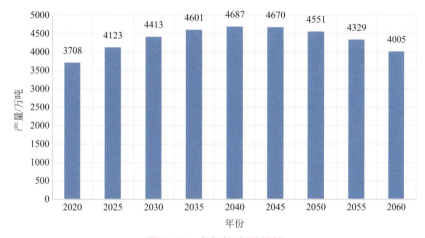

图6-3 电解铝产量展望

6.2.1.4 石油和化工行业

石油和化工行业是中国国民经济发展的重要支柱行业之一,生产的农用化学品、有机和无机原料等众多重要产品,可为国民经济各部门提供基础原材料和配套产品,在中国的经济建设、人民生活等方面发挥重要作用。因此,该行业也成为了整个经济发展中增长最快的能源消费源之一。在化工行业的数千种产品中,仅合成氨、甲醇和HVC(高价值化学品,包括轻烯烃和芳烃)三大类基础化工产品的终端能耗总量就占到该行业的3/4左右。与此同时,这些基础化工产品还是生产整个化工行业各类产品的关键组分。

乙烯的用途非常广泛,是合成纤维、合成橡胶、合成塑料、合成乙醇的基本化学原料,可用于催熟水果及制造乙醇、醋酸、氯乙烯等产品。2010年中国乙烯的产量为1421万吨,不断增加的市场需求使得乙烯2015年的产量就达到1715万吨。参照发达国家的发展,2013年美国、日本的乙烯人均产品产量约为850千克、531千克;而中国2013年的产量约为1623万吨,合人均产量仅为120千克。总体来说,未来中国的乙烯产量有望继续保持增长趋势,在达到需求饱和后,产量将会保持稳定后出现下降。如图6-4所示,预计乙烯产量将在2025年达到峰值,峰值在2400万吨左右,后续约25年基本维持在2300万吨左右。2050年后开始呈现下降趋势,到2060年乙烯产品产量约为1748万吨。

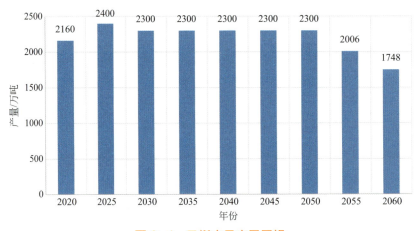

图6-4 乙烯产品产量展望

中国是世界上最大的合成氨生产国，合成氨是氮肥的基础原料。据统计，氮肥生产所消耗的合成氨占合成氨消费总量的87%。2010～2015年，中国化肥消费量呈现年均增长2.4%的趋势。2017年合成氨产量达4900万吨，其中大部分用于生产化肥。未来受耕地减少和化肥使用效率提高的影响，合成氨生产预计将会减少。有研究指出，中国耕地面积预计将持续减少，从20亿亩（1亩≈666.67平方米）降低到接近18亿亩，减少10%左右；同时，伴随着城镇化进程，未来农村人口预计将进一步迁出，导致部分耕地荒置。在不影响产量的前提下，预计中国每公顷耕地面积每年氮肥用量在2050年将下降30%。另外，自"十三五"时期，政府通过农民教育和地方监管，积极控制化肥施用量；未来，农场经营者有望采用更加优化的耕种技巧（例如使用有机化肥、缓释化肥等新式化肥）进一步提高化肥使用效率。受到耕地减少和化肥使用效率提高的共同驱动，预计到2050年，中国的氮肥用量将下降40%。根据对农业需求的展望分析，结合相关研究的结果，综合判断当前中国合成氨的产量已经达峰，约为5200万吨。预计今后合成氨生产将呈现下降趋势，未来20年下降趋势较平缓，到2040年预计合成氨产量为5000万吨左右；2040年后受到农业需求减少的影响，合成氨产量下降将会有所加速，到2060年减少至约4152万吨（见图6-5）。

甲醇是中国重要的基础化工原料和能源替代品。过去十多年，中国甲醇行业经过了高速发展，从2010年的1574万吨，增加到2015年的4011万吨，

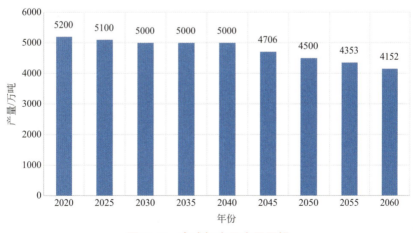

图6-5 合成氨产品产量展望

到2018年甲醇产量达4756万吨。亦拓展了大量的甲醇市场需求，中国的甲醇市场快速扩充，需求持续增长。未来甲醇的用途将更为广泛，随着未来甲醇制烯烃和芳烃的工艺发展，呈现出其特有的经济性和能源安全性，甲醇正在扮演着越来越重要的角色。因此，预计甲醇的产品产量将在中长期呈现持续上涨趋势，预计到2030年甲醇的产品产量约为5600万吨，到2060年预计约为11210万吨（见图6-6）。

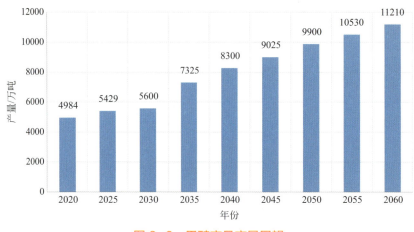

图6-6 甲醇产品产量展望

6.2.2 工业主要产品能耗

6.2.2.1 钢铁行业

中国钢铁生产主要工序包括炼焦、烧结、高炉、转炉、电炉、轧钢以及其他，随着落后产能加快退出、短流程炼钢加快发展、节能工艺技术装备水平不断提升等，主要工序能耗均逐年降低。2020年中国吨钢综合能耗约为551千克标准煤/吨，相比2015年下降了3.7%。

中国钢铁行业还有一定的节能技术推广、能效提高的空间。如果氢气本身以零碳的方式生产，氢气炼钢技术可以帮助实现钢铁生产的零碳化；通过电解直接还原炼铁也是一种技术可行的路线，并且从长期来看，其经济性也将进一步提升；余热回收（TRT）、高级干熄焦（CDQ）等技术仍然可以帮助落后钢铁企业提高能效。随着科技的进步发展，未来中国钢铁行业能效有望进一步提高。不过，考虑到中国钢铁行业整体已经达到了相当高的能效水平，进一步的节能改进不太可能使吨钢能耗减少30%以上。

基准情景：如表6-1所示，在基准情景下，预计在未来40年内，中国吨钢综合能耗单位下降率将在年均0.5%以内。预计到2060年，中国吨钢综合能耗将下降至474千克标准煤/吨。

表6-1 基准情景钢铁行业主要产品单位能耗展望

项目	2020年	2030年	2040年	2050年	2060年
吨钢综合能耗/（千克标准煤/吨）	551	524	498	474	474

碳中和参考情景：如表6-2所示，在碳中和参考情景下，预计在未来40年内，中国吨钢综合能耗单位下降率将在年均0.5%～1.0%，但累计不超过30%。预计到2060年，中国吨钢综合能耗将下降至418千克标准煤/吨。

表6-2 碳中和参考情景钢铁行业主要产品单位能耗展望

项目	2020年	2030年	2040年	2050年	2060年
吨钢综合能耗/（千克标准煤/吨）	551	498	462	440	418

6.2.2.2 水泥行业

经过40年持续技术创新，中国已经成为了世界水泥生产领域高能效的先行者。大多数水泥厂都配备了先进的干法窑炉，而不是能耗较大的湿法窑炉。"十三五"期间，在推进节能减排、优化产业结构、淘汰落后和化解过剩产能等措施的持续治理下，水泥行业的能耗水平有效降低。2020年中国水泥熟料单位产品平均综合能耗相比2015年下降了4～108千克标准煤/吨。

目前水泥行业有多种可行的零碳技术，如用沼气、生物质能或氢气代替化石燃料，或者使用绿电进行热力输入的直接电气化。使用替代原料代替石灰石或熟料有助于减少化学工艺中固有的二氧化碳排放。

在包括二代水泥技术在内的先进节能技术加持下，中国水泥行业能耗有望进一步下降，到2060年能效水平有可能进一步提升8%～18%。

基准情景：如表6-3所示，在基准情景下，未来40年内预计中国水泥平均综合能耗单位下降率将在年均0.25%以内。预计到2060年，中国水泥平均综合能耗将下降至83千克标准煤/吨。

表6-3　基准情景水泥行业主要产品单位能耗展望

项目	2020年	2030年	2040年	2050年	2060年
水泥平均综合能耗/（千克标准煤/吨）	90	88	86	83	83

碳中和参考情景：如表6-4所示，在碳中和参考情景下，未来40年内预计中国水泥平均综合能耗单位下降率将在年均0.25%～0.5%。预计到2060年，中国水泥平均综合能耗将下降至76千克标准煤/吨。

表6-4　碳中和参考情景水泥行业主要产品单位能耗展望

项目	2020年	2030年	2040年	2050年	2060年
水泥平均综合能耗/（千克标准煤/吨）	90	88	83	79	76

6.2.2.3　有色金属（铝）行业

目前中国有色金属冶炼能耗强度普遍接近或达到世界先进水平。2020年中国电解铝铝液生产交流电耗13186千瓦·时/吨，较2015年下降1.2%；2020年中国铜冶炼单位产品综合能耗约230千克标准煤/吨，较2015年下降23%；2020年中国铅冶炼单位产品综合能耗约345千克标准煤/吨，较2015年下降13.8%。

根据国际铝协统计，中国电解铝能耗强度已是世界领先水平；氧化铝冶炼能耗强度略高于世界先进水平，但差距不大。现阶段而言，铝工业如无颠覆性技术出现，通过提高生产技术水平来节能减排的空间已不大。但是如果从加强全生命周期角度提高铝工业的技术水平，有望进一步挖掘节能减排的空间。除再生铝回收利用环节外，在铝土矿开采环节，应减少民采小型矿山采富弃贫的现象，提高开采技术，减少采矿损失量。在氧化铝冶炼环节，可通过技术进步不断提高拜耳法的氧化铝回收率。在原铝电解环节，加快淘汰落后的电解槽，不断提高电解铝厂的管理和电解操作水平。在铝材和最终产品生产环节，实现电解铝厂、铸件厂和铝材加工企业的优化组合，通过提高铝液直接铸轧的比例，省略铝的铸锭和重熔环节，从而减少烧损量和能源消耗量。

基准情景：如表6-5所示，在基准情景下，预计在未来40年内，中国铝工业单位产品综合能耗单位下降率将在年均0.5%以内。预计到2060年，中国电解铝、氧化铝单位产品综合能耗将分别下降至1466千克标准煤/吨、348千克标准煤/吨。

表6-5 基准情景铝工业主要产品单位能耗展望

项目	2020年	2030年	2040年	2050年	2060年
电解铝能耗/（千克标准煤/吨）	1621	1541	1466	1466	1466
氧化铝能耗/（千克标准煤/吨）	384	366	348	348	348

碳中和参考情景：如表6-6所示，在碳中和参考情景下，未来40年内，预计中国铝工业单位产品综合能耗单位下降率将在年均0.5%～1%。预计到2060年，中国电解铝、氧化铝单位产品综合能耗将分别下降至1199千克标准煤/吨、284千克标准煤/吨。

表6-6 碳中和参考情景铝工业主要产品单位能耗展望

项目	2020年	2030年	2040年	2050年	2060年
电解铝能耗/（千克标准煤/吨）	1621	1466	1325	1261	1199
氧化铝能耗/（千克标准煤/吨）	384	348	314	299	284

6.2.2.4 石油和化工行业

目前，中国化工行业相关试点项目的能效水平已经可以达到甚至超过国际同类项目。然而，由于整个行业的能源利用效率水平极不平衡，所以整个行业的能效水平还有较大的提高空间。在能耗双控的政策背景下，广泛采用先进节能工艺技术提高能源利用效率和合成效率，高效回收利用二次能源，利用先进控制技术实现全流程实时优化和先进控制是化工行业实现单位能耗下降的主要途径。

随着科技的进步发展，未来中国合成氨、乙烯及甲醇等产品的单位能耗将呈现下降趋势。通过梳理整合历史单位能耗，2000~2010年，该行业的单位产品能耗年均下降率在1%~2%。前期因为技术水平进步的速度快导致单位产品能耗下降较快，未来因为技术水平进步的空间有限，预计单位产品能耗的下降会逐渐变缓。

基准情景：如表6-7所示，在基准情景下，预计在未来40年内，不同化工产品的单位能耗下降率将在1%~1.5%。预计到2060年，合成氨、乙烯、甲醇几种主要化工产品的单位能耗将分别下降至726千克标准煤/吨、412千克标准煤/吨、792千克标准煤/吨。

表6-7 基准情景化工行业主要产品单位能耗展望

项目	2020年	2030年	2040年	2050年	2060年
合成氨能耗/（千克标准煤/吨）	1264	1087	934	803	726
乙烯能耗/（千克标准煤/吨）	716	616	529	455	412
甲醇能耗/（千克标准煤/吨）	1378	1185	1019	876	792

碳中和参考情景：如表6-8所示，在碳中和参考情景下，不同化工产品未来40年内的单位能耗下降率预计将在1%~2%。预计到2060年，合成氨、乙烯、甲醇几种主要化工产品的单位能耗将分别下降至690千克标准煤/吨、391千克标准煤/吨、753千克标准煤/吨。

表6-8 碳中和参考情景化工行业主要产品单位能耗展望

项目	2020年	2030年	2040年	2050年	2060年
合成氨能耗/（千克标准煤/吨）	1264	1033	888	763	690
乙烯能耗/（千克标准煤/吨）	716	585	503	433	391
甲醇能耗/（千克标准煤/吨）	1378	1126	968	832	753

6.3 工业部门能源消费总量与结构展望分析

6.3.1 工业部门能源消费结构

基准情景：如图6-7所示，在基准情景下，从能源结构来看，虽然电气化程度不断提升，但未来中国工业部门终端能源消费结构仍将长期保持化石能源占据主导地位的局面。预计到2060年，中国工业部门电气化率将提升至46.6%，化石能源占比则将维持在50%左右。

碳中和参考情景：如图6-8所示，在碳中和参考情景下，从能源结构来看，未来中国工业部门终端能源消费结构将呈现深度电气化、低碳化发展趋

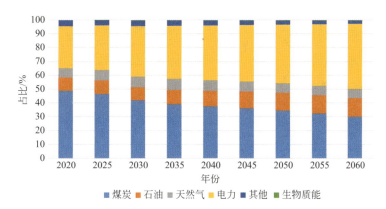

图6-7 基准情景工业部门能源消费结构展望

图6-8 碳中和参考情景工业部门能源消费结构展望

势，化石能源占比不断降低，电力占终端能源的比重持续上升。预计到2060年，中国工业部门电气化率将提升至71.3%，化石能源占比将下降至26.4%。

6.3.2 工业部门能源消费总量

6.3.2.1 基准情景

基于对工业主要产品产量、单位产品综合能耗以及能源结构的展望结果，中国钢铁和化工行业的能源消费预计在未来40年均呈现先上升后下降的趋势，到2025年能源消费量实现达峰，峰值分别为6.2亿吨标准煤和9.0亿吨标准煤左右；水泥行业在2020年基本已经实现达峰，峰值为2.2亿吨标准煤；而有色金属行业的能源消费在一段时期预计持续上升，到2045年有色金属行业能源消费预计实现达峰，峰值为3.1亿吨标准煤左右。

如图6-9所示，在基准情景下中国工业部门的能源消费量预计在2025年左右达到峰值，峰值预计在23.6亿吨标准煤左右；到2060年，工业部门的能源消费量预计降低至17.5亿吨标准煤左右。

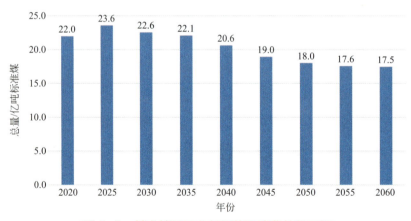

图6-9 基准情景工业部门能源消费总量展望

6.3.2.2 碳中和参考情景

从工业细分产业来看，在碳中和参考情景下，中国钢铁和化工两个主要行业的能源消费量预计在2025年前后达峰，峰值分别为6.1亿吨标准煤和

8.9亿吨标准煤左右，而后呈现下降趋势；水泥行业现阶段则基本已经实现达峰，峰值为2.2亿吨标准煤；而有色金属行业的能源消费达峰时间将稍晚于其他几个高耗能行业，预计在2035年左右实现达峰，峰值为2.8亿吨标准煤左右。

如图6-10所示，在碳中和参考情景下，从能源消费总量来看，工业部门终端能源消费在"十四五"期间仍将有一定增长空间，但增速会逐渐放缓，并在2025年达到峰值。中国工业部门能源消费峰值预计约为23.3亿吨标准煤；到2060年，工业部门的能源消费量预计减少至14.3亿吨标准煤左右。

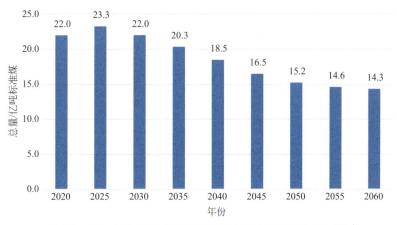

图6-10 碳中和参考情景工业部门能源消费总量展望

6.4 工业部门能源结构优化的目标与路径

工业部门是中国的能耗和二氧化碳排放大户，是实现碳中和目标的重点领域。实现工业部门的高质量达峰，主要依靠工业生产节能、减少工业产品需求量以及提升产品利用率的节材技术。工业原料替代、工艺革新与CCUS技术大都还在研发阶段，达峰期贡献较少。随着相关技术潜力和技术成熟度的改变，各类技术的贡献占比也将发生较大变化：节能技术的潜力相对下降，节材技术、工业原料替代、工艺革新与CCUS技术将随着有关技术的成熟，贡献不断增加，成为工业部门实现碳中和的主要贡献技术。

工业部门终端能源消费在"十四五"期间仍有一定增长空间，但增速会逐渐放缓，并力争在2025年达峰，峰值约为23.3亿吨标准煤，到2060年，工业部门的能源消费量应控制在14.3亿吨标准煤左右。

从能源结构来看，未来中国工业部门终端能源消费结构要向深度电气化、低碳化发展，推动化石能源占比降低，提升电力占终端能源的比重。到2060年，中国工业部门电气化率应当提升至71%以上。

在对工业部门开展能源消费展望分析的基础上，参考《中华人民共和国国民经济和社会发展第十四个五年规划和2035年远景目标纲要》《2030年前碳达峰行动方案》《高耗能行业重点领域节能降碳改造升级实施指南（2022年版）》等碳达峰碳中和政策文件，提出工业部门助力"30·60双碳"目标、优化能源结构的阶段性目标与路径。

（1）2025年前：推动高耗能产品产量尽快达峰 高耗能、高排放产业的能源利用效率整体上远远低于全国工业平均水平，并且其经济效益往往也略低于全国工业平均水平。但是，工业化进程决定了高耗能产业在国民经济中的作用不可替代，并且现有的出口导向型经济发展方式对高耗能产品的需求旺盛。随着中国工业化进程逐步进入后期，人均自然资源消耗以及钢铁、水泥等高耗能产品的产量均会随着人均国内生产总值的增长，呈现"快速增长、增速放缓和逐渐降低并稳定甚至回落"的三个阶段，即工业发展的"S"形曲线。重化工业产品产量的减少必然推动能源消费总量增速放缓甚至达峰。此外，因重化工业能源结构偏煤偏油，故其产品产量的回落也会间接减少化石能源消费，推动总体能源结构优化。

为此，要贯彻落实新发展理念，推动构建"双循环"发展新格局，严控高耗能行业新增产能，推动钢铁、水泥、有色金属、化工等传统高耗能行业绿色改造，促进经济转型升级。同时，在全球低碳转型大背景下，中国高耗能产品出口面临碳关税征收导致竞争力不足的问题，需要建立绿色贸易体系，大力发展高质量、高附加值的绿色产品贸易，从严控制高污染、高耗能产品出口，推动国际贸易高端化发展，实现国内国际双循环相互促进。

在满足社会经济发展需要的情况下，"十四五"期间中国钢铁、水泥、乙烯、合成氨等产品的产量应尽早达峰，峰值尽可能分别控制在约12亿吨、

24亿吨、2400万吨、5100万吨。

（2）2030年前：强化节能措施降低产品单位能耗　把节能贯穿于工业发展全过程，提高节能管理信息化水平，完善重点用能单位能耗在线监测系统，建立节能技术推广服务平台，推动高耗能企业建立能源管理中心；瞄准国际先进水平，实施重点行业节能降碳工程，推动钢铁、有色金属、水泥、化工等行业开展节能降碳改造，提升能源资源利用效率，打造能效"领跑者"；以工业制造设备为重点，全面提升能效标准，建立以能效为导向的激励约束机制，推广先进高效产品设备，加快淘汰落后低效设备。2030年工业主要产品单位能耗目标见表6-9。

表6-9　2030年工业主要产品单位能耗目标

单位：千克标准煤/吨

吨钢综合能耗	水泥平均综合能耗	电解铝能耗	合成氨能耗	乙烯能耗	甲醇能耗
498	88	1466	1033	585	1126

（3）2060年前　一是优化产业结构。一方面需要加快推进工业领域低碳工艺革新和数字化转型，加快发展新一代信息技术、生物技术、新能源、新材料、高端装备、新能源汽车、绿色环保以及航空航天、海洋装备等战略性新兴产业，建设绿色制造体系。推动互联网、大数据、人工智能等新兴技术与绿色低碳产业深度融合。另一方面，抓住推动产业结构优化升级过程中生产要素组合方式和增长动能发生重大变化的机遇，推动经济绿色低碳转型；抓住产业发展推动消费升级和城镇化加速的新机遇，完善绿色基础设施建设，同步加大节约绿色消费习惯引导，推动全社会绿色低碳转型。

二是进一步开发清洁能源，推广和应用绿色低碳技术。一方面要大力开发太阳能、水能、风能、生物质能等新能源和可再生能源，加强氢能生产、储存、应用关键技术研发、示范和规模化应用，优化工业部门终端能源消费结构。到2060年，争取实现中国工业部门电气化率达到71%以上。另一方面，在继续创新突破低碳高效生产技术的基础上，开展低碳、零碳、负碳和储能新材料、新技术、新装备攻关，加快推动CCUS等负碳技术产业化规模化应用。工业部门能源结构优化的主要控制性目标见表6-10。

表 6-10 工业部门能源结构优化的主要控制性目标

	指标	2025 年	2030 年	2060 年
产品产量目标	粗钢/亿吨	11.6	10.1	3.6
	水泥/亿吨	23.9	19.9	6.7
	电解铝/万吨	4123	4413	4005
	乙烯/万吨	2400	2300	1748
	合成氨/万吨	5100	5000	4152
	甲醇/万吨	5429	5600	11210
单位产品能耗目标	吨钢综合能耗/（千克标准煤/吨）	524	498	418
	水泥平均综合能耗/（千克标准煤/吨）	89	88	76
	电解铝能耗/（千克标准煤/吨）	1541	1466	1199
	乙烯能耗/（千克标准煤/吨）	648	585	391
	合成氨能耗/（千克标准煤/吨）	1143	1033	690
	甲醇能耗/（千克标准煤/吨）	1246	1126	753
工业部门能源结构目标	煤炭	47%	42%	16%
	石油	10%	9%	6%
	天然气	7%	7%	5%
	电力	32%	37%	71%

6.5 工业部门能源结构优化的对策

工业部门要实现能源结构优化与低碳转型，应着重围绕工业部门中几个主要的高耗能行业——钢铁、水泥、有色金属（铝）和化工行业展开工作。

6.5.1 钢铁行业

第一，持续挖掘基于传统高碳炼钢工艺的能效提升潜力。以高炉、转炉为主的中国钢铁资产普遍比较年轻，与发达国家相比，距离退役年限还有较长时间。提高能效被普遍认为是具有正经济效益的脱碳手段，从资产充分利用的角度看，应持续推动余热高效利用、数字化能效平台等能效技术在钢铁生产的各个环节为行业脱碳发挥重要作用。具体而言，进一步提升高炉、转炉钢铁资产的能效可以缓解钢铁行业碳达峰前由于钢产量小幅增长所带来的二氧化碳排放上升压力，降低全行业峰值，为尽快形成二氧化碳排放下降趋势做出关键贡献。

第二，应推动再生钢产能快速替代。中国初级钢铁生产绝对量大、占比高，在钢铁需求近期不会迅速下降且CCUS和氢能炼钢不能迅速普及的情况下，再生钢替代可以在适当政策支持下具有较好的成本优势，并能较快实现一定规模的减排效应，甚至将对行业碳达峰产生直接贡献。因此，建议通过产能置换，以及以废钢产业生态培育、电弧炉炼钢用电扶持等方面的政策为再生钢创造加速发展的条件。此外，建议通过政策和强有力的监管，推动汽车、家电、建筑等方面废钢最大程度回收，并制定量化的回收目标。

第三，推动长流程钢生产的脱碳。长流程钢的脱碳成本可包括以替代原料/燃料为主的运行成本替代和以替代工艺设备为主的固定成本替代。中国在长流程钢脱碳进程的初期，由于直接还原、熔融还原、直接电解等技术都处在成熟前的不同阶段，还需要一定时间逐步成熟完善。因此，这一时期应尽量少地颠覆式替代既有工艺设备，而是通过在既有技术路线的基础上追加固定投资（如使用CCUS）以及提高运行成本（氢、电、生物质能的应用）的方式实现碳减排。应鼓励高炉提高焦化环节副产氢的利用水平，对钢铁企业制氢和用氢予以财政支持，培育钢铁行业氢气消费需求和习惯，并充分利用以高炉为主体的既有资产。同时，积极推动熔融还原、直接还原等未来可适用于氢能炼铁技术工艺路线的研发和示范，加快CCUS的试验示范以及规模化，鼓励通过跨行业合作推动碳捕集后的资源化利用。在长流程钢脱碳进程的中后期，考虑到原来的高炉、转炉资产逐步进入退役年限，且新技术和新工艺逐步成熟，政策重点应转为加速推动对新资产的投入。应逐步完善针对钢铁行业的氢气供应体系和CCUS技术，持续推动氢和CCUS成本的下降，根据各地不同的资源条件推动熔融还原、直接还原等技术工艺的规模化投产和运行。

第四，开展钢铁行业碳排放权交易。中国钢铁行业是制造业中碳排放量最大的行业，是实现碳达峰目标和碳中和愿景的重要组成部分。开展碳交易是落实碳达峰、碳中和目标任务的重要手段，钢铁行业作为拟首批纳入全国统一碳市场的八个重点行业之一，必须加快构建完善的碳交易市场体系。2021年6月，生态环境部应对气候变化司向中钢协发出《关于委托中国钢铁工业协会开展钢铁行业碳排放权交易相关工作的函》，明确为充分发挥行业协会在全国碳市场建设发展中的作用，委托中钢协开展钢铁行业纳入全国碳市场相关工作。主要包括：①钢铁行业碳配额分配方案制定和更新。研究提出钢铁行业配额分配技术规范及基准值设定建议，配合做好配额分配方案的制定和更新工作。②钢铁行业全国碳市场支撑系统测试相关工作。协助组织开展钢铁行业全国碳排放权交易市场运行测试方案的研究和制定，配合做好相关规则的起草工作，协助组织行业和企业有序参与碳市场运行测试。③钢铁行业碳排放检测、报告和核查体系相关研究。开展钢铁行业碳排放数据调查、分析等工作，组织有关机构抽查钢铁企业碳排放核算数据质量等。④全国碳市场相关基础能力建设。研究制定钢铁工业最佳可行低碳技术清单和技术路线图，研究起草钢铁行业有关二氧化碳减排标准，配合开展全国碳市场相关基础能力建设。

6.5.2 水泥行业

第一，控制水泥消费总量。限制新建水泥产能，科学高效利用水泥，控制水泥消费总量，继续淘汰落后产能。在优化水泥生产结构中，不断提高低煤耗新型干法产量比例，降低高煤耗落后方法产量比例，使水泥单位产品煤耗不断下降。

第二，推动技术创新。大力发展分布式可再生能源和氢能等深度脱碳技术。研发CCUS技术，推进水泥CCUS技术示范项目建设工程。

第三，利用可再生能源。继续推进水泥余热发电，水泥余热发电占水泥工业能耗比重为30%～40%，通过水泥余热发电可有效减少能源消耗，提高行业效益。加大低碳能源的使用，加大固废替代煤炭的力度。水泥工业可用的典型替代燃料有预处理过的工业固体废弃物和城市生活垃圾，如废旧轮胎、废油及其溶液、塑料、纺织品和废纸、生物质能燃料。应优化水泥运输路线，减少水泥运输距离，增加新能源水泥车辆。

第四，推动低碳水泥生产技术和工艺创新。应减少熟料运用，加大推广磷石膏在水泥生产中的应用，降低原料中含碳物质的比例，鼓励工业废渣和建筑垃圾的循环利用，最大限度提高建筑物设计寿命，优化混凝土在建筑中的使用。推进水泥碳交易市场，通过市场机制推动全社会参与减排的积极性，降低水泥行业碳中和的成本。

6.5.3 有色金属（铝）行业

第一，优化铝产业结构提高再生铝产量。巩固和化解电解铝过剩产能，加大"城市矿山"开发力度，大力发展短流程冶炼工艺，大幅度提高再生铝生产能力和再生铝比例；选择沿海和水电丰富的绿色能源地区进行铝行业布局，推动产业集聚发展，打造铝集群化产业基地，降低物流运输和金属重熔过程中的二氧化碳排放。

第二，优化铝行业能源结构。收缩电解铝火电产能，增加清洁能源使用比例。主要措施包括：淘汰燃煤自备电厂，或者通过自备机组发电权置换，利用清洁能源置换火电；对自备电厂进行清洁化改造，用低碳或零碳能源替换燃煤；利用企业厂房及周边环境，建设风、光电站，配合储能技术，实现清洁能源直供；依托水电、核电资源，置换电解铝产能，实现清洁能源直接利用；推行低碳运输，逐步引进电动、氢能运输车辆。

第三，推动铝行业技术创新。围绕节能降碳、清洁生产、清洁能源等领域布局前瞻性、战略性、颠覆性项目，实施绿色技术攻关行动，力争在铝行业中实现无废冶金、高效超低能耗铝电解槽、惰性阳极以及CCUS技术等方面取得突破，为绿色发展提供技术支撑。

6.5.4 化工行业

突破基于可再生能源制氢、制氧与煤化工合成耦合技术，应用绿氢、绿氧，显著降低煤化工工艺过程中二氧化碳排放，打造零碳排放的煤化工工艺。应用可再生能源绿电作为煤化工电力，研发高效储热制蒸汽技术，利用绿电和低谷电价制蒸汽供化工项目使用，实现煤化工过程耗能的零碳化。开展煤化工CCUS技术攻关，突破煤化工二氧化碳低成本捕集、二氧化碳化工和矿化利用、二氧化碳驱油与地质封存技术，为煤化工低碳零碳发展提供技术支撑。持续研发煤化工节水和废水处理、煤转化过程中挥发性有机物（VOCs）处理、固废无害化和资源化利用技术，实现煤化工清洁发展。

**Carbon Neutrality
and
China's Energy Transition**

碳中和与中国能源转型

第 7 章

建筑部门能源结构优化路径研究

7.1 建筑部门发展现状
7.2 建筑部门中长期发展趋势展望分析
7.3 建筑部门能源消费总量与结构展望分析
7.4 建筑部门能源结构优化的目标与路径
7.5 建筑部门能源结构优化的对策

7.1 建筑部门发展现状

中国国内生产总值的快速增长带来了中国建筑业的快速发展。随着城镇化的发展，2001～2019年，中国城镇居住建筑总面积从71亿平方米增加至282亿平方米，面积总量增加了近3倍。同时随着城镇居民居住水平的提高，全国城镇人均住宅面积从2001年的不足20平方米增长到2019年的33平方米。十几年来中国农村居住建筑面积变化幅度不大，从2005年的221亿平方米增加至2019年的228亿平方米。而公共建筑面积则从2005年的57亿平方米增加到2019年的134亿平方米，增加了近1.5倍。

建筑数量及面积的增加必然会带来中国建筑部门能源消费总量的增长。随着人们对美好生活的需求不断增长，公众对建筑的要求也将不断提升，需提供更舒适、更健康、更安全的建筑环境。第三产业发展所带来的大量的公共建筑也将会影响中国建筑部门的能源消费量。中国的建筑能耗在过去十年中增长迅速。有研究指出，过去20多年来建筑部门占中国一次能源使用的比例一直在20%左右，并且自2000年以来建筑部门能源消耗增加了近2倍。2019年，中国建筑部门能源消费总量为10.2亿吨标准煤。

本章将建筑部门拆分为公共建筑、城镇居住建筑及农村居住建筑三大类去分析，其中包括北方城镇采暖。分别从建筑面积、单位建筑能耗、分品种能源结构入手对公共建筑、城镇居住建筑及农村居住建筑的能源消费量进行核算预测，进而预测出建筑部门能源消费总量。

7.2 建筑部门中长期发展趋势展望分析

7.2.1 建筑面积

7.2.1.1 居住建筑面积展望

中国提出的2035年基本实现社会主义现代化和2050年全面建成社会主义现代化强国目标意味着到2035年中国人均国内生产总值预计将翻一番，并于2050年再翻一番。2020年中国人均国内生产总值为72447元，到2035年，中国人均国内生产总值将翻一番，达到144894元，进入高收入国家水平，并于2050年接近4万美元。人均收入水平的提升将带动居民生活水平进一步提高，人均居住面积将会相应上升。同时，考虑到中国未来人口增加放缓以及合理需求增长造成的人均建筑面积变化，通过对比发达国家水平，预计未来中国人均建筑面积将明显上涨。

目前中国的城镇化率较低，未来会呈现大幅增长的趋势。2030年前是城镇化快速增长阶段，到2030年，中国城镇化率预计将达到70%。而后的30年，中国城镇化率的增长水平逐渐变缓。从国际经验来看，当城镇化率超过70%时，居住建筑开工及竣工的数量较之前均会呈现大幅度下降。随着未来中国城镇化率的增长，由于城镇区域面积和相关政策的限制，国内开工和竣工的房屋数量将会随之下降，因此未来中国城镇居住建筑面积的增长趋势会逐渐变缓。

中国城镇化率在2030年前处于快速增长阶段使得城镇化规模迅速扩大，城镇人均居住面积及总居住面积均有较大的增长，2030年后增长趋势变缓，预计到2060年中国城镇居住建筑面积将达365.6亿平方米左右（见图7-1）。相反，农村居住面积因为城镇化率的变化呈现降低的趋势，2030年前降低较快，2030年后降低趋于平缓，预计到2060年中国农村居住建筑面积将降至130.5亿平方米左右（见图7-2）。

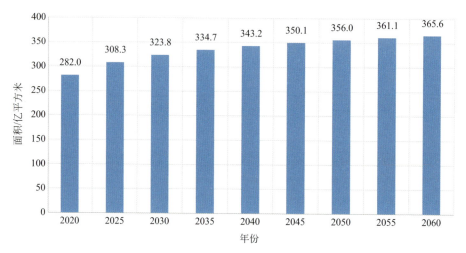

图 7-1　城镇居住建筑面积展望

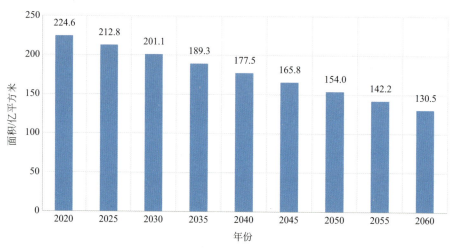

图 7-2　农村居住建筑面积展望

总的来说，随着中国城镇化水平的发展和人们生活水平的提高，人民对居住面积的需求将会持续提高，因此城镇和农村人均居住面积将会呈现上升趋势。而随着城镇化率的增加以及农村人口呈现下降趋势，未来40年预计中国城镇居住面积呈现上升趋势，而农村居住面积则呈现下降趋势。

7.2.1.2　公共建筑面积展望

相比居住建筑面积而言，中国公共建筑面积较小，2020年中国公共建筑面积约为150.2亿平方米。随着第三产业比重的提高,尤其是商业、服务业的发展,未来中国公共建筑面积将会迅速增长,同时公共建筑面积占全国建筑总面积的比重将会进一步上升。

结合往年公共建筑面积增长速度及人均国内生产总值和第三产业比重的增加趋势,预计2020～2050年公共建筑面积的年均增长率约为1%;到2050年,公共建筑面积占建筑总面积的比重将达到约30%(见图7-3)。

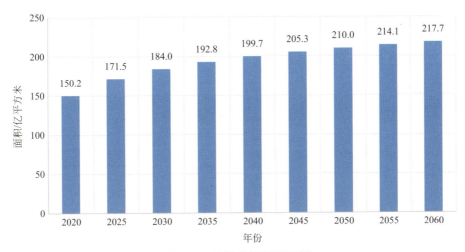

图7-3 公共建筑面积展望

7.2.1.3 北方城镇采暖面积展望

考虑到未来城镇居住建筑面积的增加以及人民生活水平的提高,预测北方城镇采暖面积在未来40年将呈现上涨趋势。中国的北方城镇采暖面积预计从2020年的158.0亿平方米增长到2050年的220.0亿平方米,到2060年预计达229.5亿平方米(见图7-4)。❶

7.2.1.4 建筑总面积展望

根据上文的展望分析,对中国建筑总面积的展望结果如图7-5所示。预计到2030年中国建筑总面积约为708.8亿平方米,人均建筑面积约为48平方米;到2050年中国建筑总面积达到720.0亿平方米并基本保持平

---

❶ 值得注意的是,本书中建筑总面积的预测包含此处北方城镇采暖面积的预测。

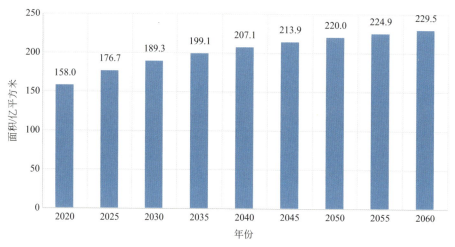

图 7-4　北方城镇采暖面积展望

稳，人均建筑面积约为 50 平方米。从建筑面积分类来看，城镇居住建筑面积占比最大，2050 年城镇居住建筑面积预计占建筑总面积约 49%；2050 年农村居住建筑面积和公共建筑面积则分别占建筑总面积的比重为 21% 和 29%；而到 2050 年，北方城镇采暖面积预计将占建筑总面积的比重约 31%。

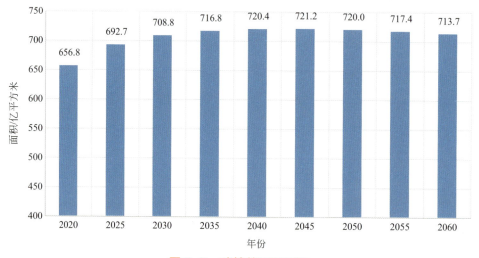

图 7-5　建筑总面积展望

7.2.2 单位建筑能耗 ❶

根据清华大学建筑节能研究中心发布的《中国建筑节能年度发展研究报告2021（城镇住宅专题）》，随着我国经济社会发展，居民生活水平不断提升，2001～2019年中国城镇居住建筑能耗年均增长率高达8%，公共建筑单位面积能耗从17千克标准煤/米^{2}增长到26千克标准煤/米^2。

但同时也发现，中国的节能和能效相关政策在提高建筑能效方面发挥了重要作用，尤其是在建筑采暖方面贡献突出。自20世纪80年代以来，中国的建筑节能设计标准已加强城市地区建筑围护结构的保温要求，但仍有进一步改善的潜力，包括被动式房屋和一体化设计解决方案等，进而实现建筑的净零能耗。此外，这些标准也可进一步推广于农村地区。自2017年以来，中国的清洁采暖政策已强制禁止单独使用煤炉，大力推广燃气锅炉和热泵，并给予大量补贴，大量燃气锅炉和空气源热泵在农村地区得到安装。2001～2019年，北方城镇采暖能耗从23千克标准煤/米^{2}降低到了14.1千克标准煤/米^2。但由于中国的天然气资源短缺，2019年清洁供暖政策中已弱化天然气的作用，转而推广生物质锅炉和热泵，作为农村地区的主要供暖来源。

除供暖外，制冷和照明也是提高建筑能效的关键领域。虽然中国是最大的室内空调市场和生产国，但中国的平均制冷能效只能达到当前可用最佳技术的60%。相关研究预测，到2050年通过提高制冷能效标准最低值，中国的制冷能效可以进一步提高30%。2010～2018年，发光二极管（LED）照明技术的迅速发展，已将能源效率从50流明/瓦提高到了100流明/瓦；相关研究预测，到2050年，LED照明的能效水平可达200流明/瓦，意味着将能效再提高100%。

超低能耗、近零能耗与零能耗建筑的发展，推动了建筑能耗中热力和天然气消费逐渐被电力消费所替代，建筑电气化水平显著增强，从而使得电力部门减排优势更加凸显。除了全面推进建筑电气化水平，近零能耗建筑技术路径具体措施还包括被动式设计、能源系统和设备效率提升、"光储直柔"

---

❶ 本书中的建筑能耗是指建筑物内各种用能系统和设备的运行能耗，主要包括采暖、照明、炊事等能耗。

新型能源系统等。

随着近零能耗建筑技术体系逐渐完善,中国建筑部门能效的提高有望使建筑能耗降低多达50%。

(1)基准情景　基准情景下的建筑能耗展望是基于现有技术水平演进的线性推演结果,具体展望结果见表7-1。

表7-1　基准情景下建筑部门单位能耗展望

建筑部门能耗	2020年	2030年	2040年	2050年	2060年
公共建筑能耗/(千克标准煤/米^2)	25.0	23.0	22.3	21.6	20.9
城镇居住建筑能耗/(千克标准煤/米^2)	9.5	9.8	9.9	10.0	10.1
农村居住建筑能耗/(千克标准煤/米^2)	8.5	8.7	8.7	8.8	8.8
北方城镇采暖能耗/(千克标准煤/米^2)	14.1	10.6	8.0	6.0	4.5

(2)碳中和参考情景　由于第三产业的迅速发展、公共服务业的多样化发展、公共建筑面积的增长,公共建筑的能耗明显高于其他类型的建筑。

随着节能家居产品的普及和推广,预计未来城镇居住建筑的能耗增长将变缓,农村居住建筑的能耗甚至出现下降。农村居住建筑单位面积能耗总体呈现先上升后下降的趋势,预计在2035年达到峰值。2020～2035年间的增长主要是由于农村人民生活水平的提高,对各类能源服务的需求上升,而后因为单位面积的用能需求趋于稳定,同时受到城镇化率的影响,农村人口和农村居住建筑面积下降,考虑到技术效率得到一定程度的提高,因此2035年后农村居住建筑单位面积能耗将逐步下降。

就目前以燃煤锅炉和热电联产为主的北方城镇采暖能耗而言,在通过技术改造以及和工业余热利用等新技术结合之后有望降低;同时在实现碳中和的目标下,北方城镇采暖预计最终将转向更为清洁、高效的电力和可再生能源供应,因此预计未来40年内北方城镇采暖的能耗将持续下降(见表7-2)。

表 7-2　碳中和参考情景下建筑部门单位能耗展望

建筑部门能耗	2020 年	2030 年	2040 年	2050 年	2060 年
公共建筑能耗/（千克标准煤/米²）	25	21.5	18.5	16.2	14.4
城镇居住建筑能耗/（千克标准煤/米²）	9.5	9.9	10.1	10.2	10.3
农村居住建筑能耗/（千克标准煤/米²）	8.5	8.7	8.7	8.4	7.9
北方城镇采暖能耗/（千克标准煤/米²）	14.1	10.6	8.0	6.0	4.5

7.3　建筑部门能源消费总量与结构展望分析

7.3.1　建筑部门能源消费结构

对于既有建筑中的城镇居住建筑及公共建筑而言，建筑消耗的能源类型主要包括电力、从热电厂和锅炉房来的热力以及建筑直接消耗的天然气。建筑节能政策的延续会持续降低建筑供暖能耗强度，几乎可以抵消北方城镇采暖面积增加导致的能耗增长。此消彼长，建筑电气化率自然也会增长。在全球范围内，建筑能耗中的电力占比最大，并且随着电器的普及和电气化水平的提高，建筑部门的能源结构也会进一步发生变化。

基准情景：如图 7-6 所示，基准情景下展望 2060 年建筑部门电气化率达到 60% 左右，煤炭、石油呈现下降趋势，但天然气使用仍然占据一定份额并长期保持在 35% 左右。

碳中和参考情景：碳中和参考情景下，预计 2060 年建筑部门电气化率达到 80%，煤炭、石油、天然气均呈现下降趋势；同时 2040 年后，沼气等生物质能源更广泛的使用将驱使生物质能的占比呈现小幅度增长（见图 7-7）。

图 7-6 基准情景下建筑部门分品种能源结构展望

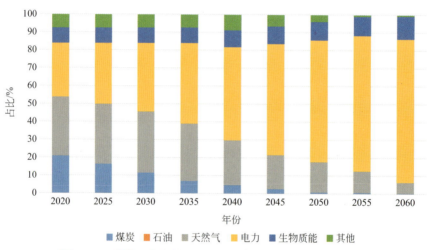

图 7-7 碳中和参考情景下建筑部门分品种能源结构展望

7.3.2 建筑部门能源消费总量

7.3.2.1 基准情景

基于建筑面积、结构以及基准情景下建筑能耗的展望结果,中国公共建筑、城镇居住建筑的能源消费在未来40年预计呈现上涨趋势,到2060年能源消费量分别达到4.5亿吨标准煤和3.7亿吨标准煤左右;而农村居住建筑的能源消费在未来40年预计将持续下降，到2040年后下降趋势变缓，到2060年农村居住建筑的能源消费量预计在1.15亿吨标准煤左右。

如图7-8所示，在基准情景下中国建筑部门的能源消费总量预计在2050年左右达到峰值，峰值预计在9.44亿吨标准煤左右，到2060年建筑部门的能源消费量预计在9.39亿吨标准煤左右。

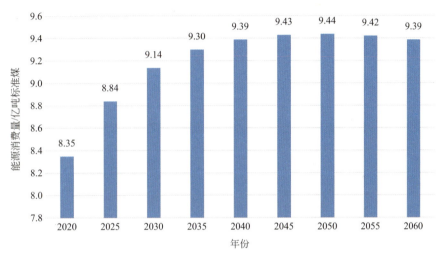

图7-8 基准情景下建筑部门能源消费总量展望

7.3.2.2 碳中和参考情景

结合上述建筑面积、结构以及碳中和参考情景下建筑能耗的展望结果，中国公共建筑的能源消费预计在2025年达峰，峰值约4亿吨标准煤，而后呈现下降趋势，到2060年公共建筑能源消费量约为3亿吨标准煤。城镇居住建筑能源消费呈现持续上涨趋势，在2050年后呈现较为平缓的上升，预计到2060年城镇居住建筑能源消费量约为3.8亿吨标准煤；农村居住建筑能源消费目前已经达峰，峰值约为2.2亿吨标准煤，后续呈现下降趋势，预计到2060年下降到1亿吨标准煤。

碳中和参考情景下，中国建筑部门能源消费总量预计在2030年前后达峰，峰值约为8.91亿吨标准煤。2020年建筑部门能源消费总量为8.35亿吨标准煤，预计到2060年建筑部门能源消费总量为7.92亿吨标准煤（见图7-9）。

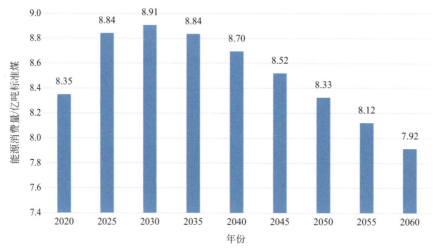

图 7-9　碳中和参考情景下建筑部门能源消费总量展望

7.4　建筑部门能源结构优化的目标与路径

建筑部门是中国实现碳达峰、碳中和目标的关键领域，也是推进绿色发展和生态文明建设的重要抓手。中国建筑部门终端能源消费总量应当力争在2030年前后达峰，峰值约为8.91亿吨标准煤。到2060年，建筑部门终端能源消费总量要控制在8.0亿吨标准煤以内。

从能源结构来看，到2060年，建筑部门电气化率应该达到80%。

在对建筑部门能源消费进行展望分析的基础上，参考《中华人民共和国国民经济和社会发展第十四个五年规划和2035年远景目标纲要》《2030年前碳达峰行动方案》等碳达峰碳中和政策文件和中长期规划文件，提出建筑部门助力"30·60双碳"目标、优化能源结构的阶段性目标与路径。

（1）2025年前：推进城乡建设绿色低碳转型

第一，推动城市组团式发展，科学确定建设规模，控制新增建设用地过快增长。倡导绿色低碳规划设计理念，增强城乡气候韧性，建设海绵城市。推广绿色低碳建材和绿色建造方式，加快推进新型建筑工业化，大力发展装配式建筑，推广钢结构住宅，推动建材循环利用，强化绿色设计和绿色施工管理。加强县城绿色低碳建设。推动建立以绿色低碳为导向的城乡规划建设管理机制，制定建筑拆除管理办法，杜绝大拆大建。建设绿色城镇、绿色社区。

第二，推进农村建设和用能低碳转型。推进绿色农房建设，加快农房节能改造。持续推进农村地区清洁取暖，因地制宜选择适宜取暖方式。发展节能低碳农业大棚。推广节能环保灶具、电动农用车辆、节能环保农机和渔船。加快生物质能、太阳能等可再生能源在农业生产和农村生活中的应用。加强农村电网建设，提升农村用能电气化水平。

"十四五"期间，中国建筑部门终端能源消费总量应当控制在8.84亿吨标准煤以内。

（2）2030年前：推广绿色建筑，提升能效水平

第一，大力发展节能低碳建筑。持续提高新建建筑节能标准，加快推进超低能耗、近零能耗、低碳建筑规模化发展。大力推进城镇既有建筑和市政基础设施节能改造，提升建筑节能低碳水平。逐步开展建筑能耗限额管理，推行建筑能效测评标识，开展建筑领域低碳发展绩效评估。全面推广绿色低碳建材，推动建材循环利用。发展绿色农房。

第二，加快提升建筑能效水平。加快更新建筑节能、市政基础设施等标准，提高节能降碳要求。加强适用于不同气候区、不同建筑类型节能低碳技术的研发和推广，推动超低能耗建筑、低碳建筑规模化发展。加快推进居住建筑和公共建筑节能改造，持续推动老旧供热管网等市政基础设施节能降碳改造。提升城镇建筑和基础设施运行管理智能化水平，加快推广供热计量收费和合同能源管理，逐步开展公共建筑能耗限额管理。

第三，深化可再生能源建筑应用，推广光伏发电与建筑一体化应用。积极推动严寒、寒冷地区清洁取暖，推进热电联产集中供暖，加快工业余热供暖规模化应用，积极稳妥开展核能供热示范，因地制宜推行热泵、生物质能、地热能、太阳能等清洁低碳供暖。引导夏热冬冷地区科学取暖，因地制宜采用清洁高效取暖方式。提高建筑终端电气化水平，建设集光伏发电、储能、直流配电、柔性用电于一体的"光储直柔"建筑。2030年建筑部门单位面积能耗目标，见表7-3。

表 7-3 2030 年建筑部门单位面积能耗目标

单位：千克标准煤 / 米²

公共建筑能耗	城镇居住建筑能耗	农村居住建筑能耗	北方城镇采暖能耗
21.5	9.9	8.7	10.6

（3）2060年前：加快应用先进建筑技术，发展零碳建筑

第一，进行与当地气候环境相适应的建筑设计，控制建筑物体形系数，减小建筑外围护面积，采用建筑自遮阳、改善空间布局等方式，提高建筑运营用能效率。充分利用自然风，基于烟囱效应、室内外风压等实现室内外空气循环，提高建筑节能率。采用高保温性能的材料和门窗型材，降低建筑外墙、屋面、门窗及热桥的传热系数，进行关键节点的节能设计。各专业间集成设计，保障设备、管线与建筑本体之间合理接触，提高建筑空间气密性，提高资源能源的合理"搭配"。

第二，通过屋面绿化、墙体绿化、景观复层绿化等措施，打造建筑微生态，提高建筑碳汇，降低建筑周边环境的热岛效应。通过低影响开发设施，提高建筑微生态雨水涵养量和雨水回收量，提高建筑微生态"自然"水平。

第三，采用高效节能设备，提高建筑用电效率。充分利用太阳能、地热源、江水源等可再生能源，形成微型电网，实现建筑能源需求的自给自足。充分利用智慧化手段，打造建筑能效自动控制系统，合理调节建筑室内温度、湿度、亮度，进一步降低能耗、节约资源。建筑部门能源结构优化的主要控制性目标见表7-4。

表 7-4 建筑部门能源结构优化的主要控制性目标

	指标	2025 年	2030 年	2060 年
建筑面积目标	城镇居住面积 / 亿平方米	308	324	366
	农村居住面积 / 亿平方米	213	201	131
	公共建筑面积 / 亿平方米	172	184	218
	北方城镇采暖面积 / 亿平方米	177	189	230
	建筑总面积 / 亿平方米	693	709	715

续表

指标		2025 年	2030 年	2060 年
单位建筑面积能耗目标	公共建筑能耗/（千克标准煤/米^2）	23	22	14
	城镇居住建筑能耗/（千克标准煤/米^2）	10	10	10
	农村居住建筑能耗/（千克标准煤/米^2）	9	9	8
	北方城镇采暖能耗/（千克标准煤/米^2）	12	11	5
建筑部门能源结构目标	煤炭	17%	12%	1%
	石油	0%	0%	0%
	天然气	34%	34%	6%
	电力	34%	38%	80%

7.5 建筑部门能源结构优化的对策

建筑部门要实现能源结构优化与低碳转型，应着重围绕节能改造、供暖清洁化和电力化、可再生能源应用、农村建筑节能等方向展开工作。

（1）既有建筑节能改造　中国现有存量建筑中约60%以上建造年代早于2010年，这其中的绝大部分需要进行深度节能改造，以满足碳中和目标下的建筑能效要求。同时，受制于建造年代、建造技术和部品质量等因素，除需要提升能效外，建筑结构、空间布局等也需要进一步提升。

在住建部强有力政策的推动下，国家"十二五"和"十三五"期间的既有建筑改造量约为20亿平方米。在碳达峰和碳中和的背景下，根据现有改造力度，既有建筑改造任务繁重，按照现行以政府投资为主的模式，对财政造成巨大压力，同时也面临着后续基层治理效率低、管理维护难持久等问题。因此，亟待创新投融资模式、构建长效管理机制，利用市场化机制，配合老旧小区改造，以提升建筑室内环境和降低能耗为重点，开展既有建筑的深度节能改造。

同时，既有建筑的改造需要建立科学的技术经济综合评价方法，依托市场化手段，配合财税政策措施，合理确定改造方式，包括原地翻建、拆除等，推动既有建筑的能效提升。

（2）北方供暖清洁化和电力化 北方地区冬季供暖消耗大量的化石能源，清洁取暖比例依然有较大的提升空间。针对北方供暖领域，调整供暖系统的用能结构，先要减少燃煤锅炉的使用，提高余热热电联产、可再生能源供暖的比例。参考欧洲等发达国家的政策和发展路径，建议2025年禁止新建燃煤锅炉，2030年禁止新建燃气锅炉，到2060年建筑供暖能源主要由电力余热和可再生能源满足，少部分可结合电力系统中调峰锅炉。

（3）可再生能源应用 建筑部门是可再生能源应用的重要场景，可再生能源应用是建筑部门实现碳中和的重要技术手段，特别是太阳能和地热能在建筑中的应用。随着光伏发电装置的广泛应用，在建筑当中实现"光伏发电、储能蓄电、直流供电、柔性用电"成为可能。"光储直柔"新型能源系统是建筑运行阶段实现2060年碳中和目标的一个重要路径，同时该系统也可助力建筑成为灵活消纳可再生能源电力的重要组成部分。地热能资源利用方面，中国目前已成为世界上最大的地热能资源利用国，在供热面积及装机容量等方面均位居世界第一，地热供热技术较为成熟。

建筑供暖空调、生活热水及照明等方面的能耗中可再生能源占比的提升，将有利于降低建筑相关二氧化碳排放量，优化能源结构。因此，应提高可再生能源在建筑中的应用比例，尽量本体消纳，用"光储直柔"等节能绿色技术解决建筑内可再生能源的存储、利用以及可再生能源与传统能源的高效配置问题。

（4）农村建筑节能 美丽乡村背景下，农村经济的发展，促使农村居住建筑建设进入一个高质量发展的时期，农村生活水平有了较大的提升，新建和改建的农村居住建筑逐年增多。同时随着农村电力普及率的提高，空调、热水供应、炊事、照明等相关的家用电器的数量和使用时间也大幅增加，导致农村户均电耗较快增长，同时生物质能被商品用能替代的趋势明显增强。但是在能源结构上，生物质能和可再生能源的利用作为适宜农村建筑减少二氧化碳排放的技术措施，在碳达峰碳中和背景下应在农村建筑中推广应用，同时在经济可行的条件下推动以建筑光伏应用为主要技术的零碳农村建筑。

此外，相比高密集的城市，农村拥有较多的土地空间资源，可大力发展风电、光电和生物质能源，同时风电、光伏发电系统的成本近年来大幅下降，部分风电、光电的发电成本已经可以平价上网。所以在农村建筑屋顶、农业设施表面，以及不能耕作的空地都可以安装太阳能光伏电池。另外，在不影响生产和生活的条件下，也可以布局风力发电及小水电装置。总之，相比城市而言农村具有更充足的可再生能源资源，甚至可以率先成为产生清洁能源的建筑领域。因此，可以鼓励在农村建筑开展节能减排技术、超低能耗建筑和零碳建筑试点示范等。

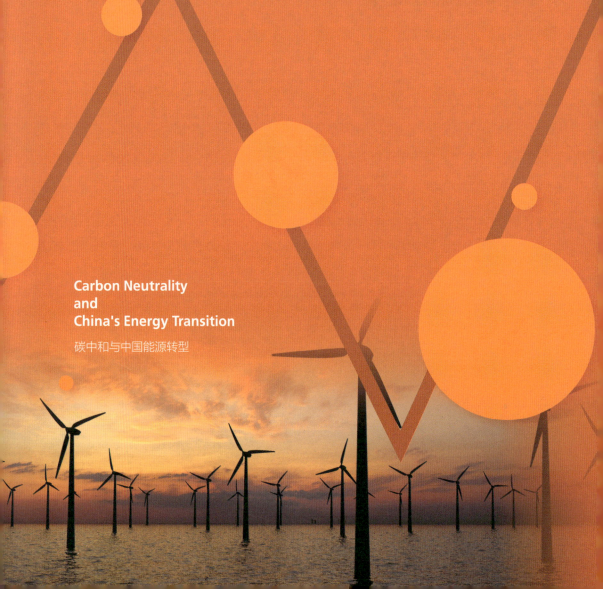

Carbon Neutrality
and
China's Energy Transition

碳中和与中国能源转型

第8章

交通部门能源结构优化路径研究

8.1 交通部门发展现状
8.2 交通部门中长期发展趋势展望分析
8.3 交通部门能源消费总量与结构展望分析
8.4 交通部门能源结构优化的目标与路径
8.5 交通部门能源结构优化的对策

8.1 交通部门发展现状

交通部门是中国经济活动和社会连通性的关键推动因素，其能源消费和二氧化碳排放量加速增长。根据IEA数据，中国交通运输行业二氧化碳排放量仍在逐年增长，2010～2018年二氧化碳排放量复合增速达7.63%，显著高于全球交通运输行业同期二氧化碳排放量的复合增速2.54%。交通部门目前占中国终端能源消费总量的近12%，占中国与能源相关二氧化碳排放总量的近11%，占全国燃料燃烧产生的二氧化碳排放总量的9.7%。公路运输是排放量最大的运输方式，占交通部门能源相关排放总量的87%。交通部门几乎完全依赖液态化石燃料，如汽油、柴油、燃料油和煤油。

在过去的40年里，中国在交通基础设施领域进行了大规模的投资建设。截至2020年底，全国公路总里程达519.8万公里，公路密度达54.15公里每百平方公里。中国的乘用车销量也大幅增长，目前年销量已超过美国，据公安部统计，截至2021年9月，全国机动车保有量达3.9亿辆，其中汽车2.97亿辆。

铁路网络的发展使中国成为了高铁领域的世界引领者。中国国家铁路局的数据显示，2020年末全国铁路营业里程达到14.6万公里，其中高速铁路运营里程达3.79万公里，较2015年末的1.98万公里增长近1倍，稳居世界第一。在城市轨道交通方面，中国也进行了大规模的投资。截至2020年底，全国（不含港澳台）共有45个城市开通城市轨道交通运营线路244条，运营线路总长度7969.7公里。

随着公路、铁路网络的不断完善，中国的客运量和货运量都取得了巨大的增长。即使在统计不完整的情况下，在过去的40年间，客运周转量和货运周转量也分别增长了约17.6倍和18倍。

尽管总量增长幅度很大，但中国的人均交通服务使用量仍远低于发达的富裕经济体。汽车是交通运输主要的运输工具，中国目前每千人拥有汽车超过200辆，但相比日本约600辆、美国约900辆，仍有较大差距。客运人均年行驶里程仅为4700公里，而美国和欧洲的水平分别为18300公里和10400公里。尽管出境游增幅巨大，但中国的人均飞行里程仍仅有770公里，而欧洲和美国的人均飞行里程分别为1330公里和3400公里。中国的人均货运周转量与其他发达国家水平更具可比性，这反映出中国在制造业中的重要地位。

与所有国家一样，中国绝大多数的公路运输是由内燃机汽车提供的，而航空运输动力几乎完全来自以化石燃料为基础的航空燃料，船舶则依赖于重质燃料油的驱动。不过，强有力的政策引导已经使中国成为了全球新能源车领域的引领者。2020年，中国新能源汽车产销量分别为136.6万辆和136.7万辆，同比增长7.5%和10.9%；纯电动汽车产销量分别为110.5万辆和111.5万辆，同比增长5.4%和11.6%。国务院办公厅印发的《新能源汽车产业发展规划（2021—2035年）》提出到2025年，新能源汽车新车销售量将达到汽车新车销售总量的20%左右，高度自动驾驶汽车实现限定区域和特定场景商业化应用。到2035年，纯电动汽车成为新销售车辆的主流，公共领域用车全面电动化，燃料电池汽车实现商业化应用，高度自动驾驶汽车实现规模化应用，有效促进节能减排水平和社会运行效率的提升。

随着中国经济社会的快速发展和人民生活水平的不断提高，未来交通运输货物周转量与旅客周转量预计都将持续上升，受此影响，交通部门的能源消费量也将不断上升。而随着交通领域低碳发展政策措施的不断强化，以及更加先进高效绿色的交通方式与运输技术不断发展和普及，中国交通部门的能源消费量或将尽早达峰。为此，本章基于对中国交通运输业中长期发展变化趋势的客观判断，围绕货运与客运交通运输需求，具体针对公路、铁路、水路和民航四种主要交通运输方式开展展望分析，并推导出交通部门能源消费总量及消费结构。

8.2 交通部门中长期发展趋势展望分析

8.2.1 交通运输需求及结构

在快速城镇化和工业化的推动下，中国交通运输服务需求高速增长。2005～2019年，货运活动（吨公里）和客运活动（人公里）分别增长了

172%和310%，城市客运活动增长了10倍。

交通结构和运输方式的分布是影响交通部门能源消费和二氧化碳排放量的两大重要因素。货运方面，中国面临着从公路运输转向低碳运输方式的挑战。2005～2019年，公路运输在货运活动中货运量占比从66%增长至78%。煤炭、铁矿石、谷物以及其他大宗商品的运输是造成此项增长的主要原因。

历史上，中国的货运主要通过铁路运输，但自20世纪70年代以来，随着河流和沿海港口的扩张，水运迅速扩大。目前，水运（一半以上是国际海运）在货运中占主导地位，约占总货运周转量的50%。铁路运输在货物运输中的份额从1990年的40%下降到2018年的14%。公路货运的早期数据并不完整，但2005年以后，随着统计范围的扩大，公路货运的重要性变得明显。由于铁路经常满负荷运行，公路运输变得更加重要。

受益于中国高速铁路网络的快速扩张，越来越多的客运活动逐渐从公路转向铁路。中国公路客运量于2014年达到11000亿人公里的峰值，2019年下降至8860亿人公里，占当年总客运量的29%。中国铁路客运量保持稳定增长，到2019年已增至14710亿人公里，约占当年总客运量的48%。中国已建成世界上最大的高速铁路网，覆盖范围广泛并已取代部分传统铁路活动。随着收入的增长和国内航空网络的扩大，航空客运量急剧增加，2018年占总客运里程的31%。

（1）交通运输需求展望　　预计随着经济社会发展，中国交通运输服务需求将保持增长。未来中国客运、货运周转量将呈现较快增长，分别从2020年的37649亿人公里、196761亿吨公里增长至2060年的69783亿人公里、358063亿吨公里（见图8-1、图8-2）。

（2）交通运输结构展望

① 客运结构。与公路和航空相比，铁路是一种节能运输方式，因此中国在高铁和地铁系统上的巨额投资将有助于减少中国的运输能源总需求。目前中国高铁营业里程为3.79万公里。对地铁系统的持续投资也将确保主要城市中的大部分市内出行可以通过地铁来完成。

中国航空运力主要用于旅客运输。随着未来居民收入的稳步增长，人们有更多的收入用于休闲和旅游，航空旅游出行量一定会得到显著增长，商务

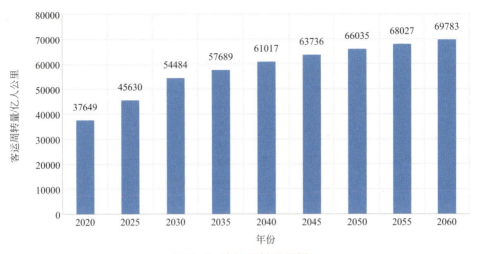

图 8-1 客运周转量展望

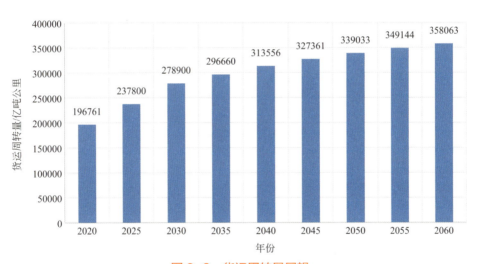

图 8-2 货运周转量展望

旅行出行量也会有所增长。中国目前在机场等相关航空基础设施方面投资巨大，每年可达到 700 亿～800 亿元。目前，航空客运量和航线数量的年增长率均达到了近 12%。由于国内高速铁路系统发展迅速，预计中国人均国内航空里程将一直远低于美国目前的水平（人均 3600 公里），预计在 2050 年达到人均 860 公里。但在国际航空方面，在中国全面实现现代化的条件下，预计到 2050 年，中国人均国际航空里程将达到 1860 公里左右，与美国 2018 年的水平相当。

从历史数据来看，中国客运交通方式中铁路、公路及民航始终占据主要地位，水路的占比相对较低，且呈现持续下降趋势。其中，铁路运输占比呈现先下降后上升的趋势，其占比上升主要受益于近年来中国客运高速铁路的快速发展。2009～2018年，高铁客运量年复合增长率为52.33%。截至2020年底，中国铁路运营里程14.6万公里，其中高铁运营里程3.79万公里。根据国家《中长期铁路网规划》，到2025年国内高铁里程达3.8万公里，远期4.5万公里。随着中国高铁网络日益完善，铁路在客运交通中发挥重要作用，预计未来铁路在客运交通方式中的占比也将继续保持较高比重。

从国际经验来看，客运方面美国公路运输占比一直处于主导地位，而民航占比则呈现持续上升趋势，铁路占比相对较低。而日本由于高速铁路的发展，铁路在客运结构中的占比相对较高，公路运输也呈现快速增长的趋势。由此推断，未来中国客运交通结构将保持铁路、公路、民航占据主导的趋势，其中民航客运的占比在中长期或将出现下降（见图8-3）。

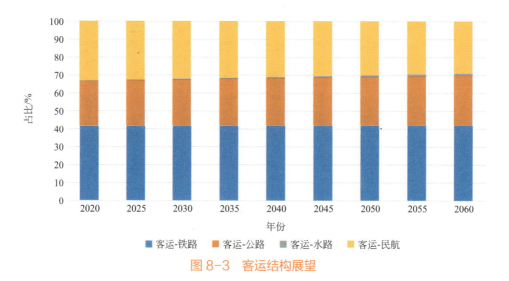

图8-3　客运结构展望

② 货运结构。在货运方面，铁路和多式联运方式得到了《打赢蓝天保卫战三年行动计划》等多项国家和地方政府政策的支持，铁路货运也已经在很多情况下比公路货运更具经济性。铁路货运量的增长也可以在一定程度上帮助放缓公路货运量的增长势头，但是公路货运量仍然会随着未来经济发展而增长。

水运是重要的货物运输渠道,尤其是在进出口领域。2018年,中国水路货运量达到9.9万亿吨公里,其中内河、沿海和海外货运量分别占16%、32%和52%。国内水路货运量方面,中国推出了相关政策,支持在可能的条件下将公路货运向水路货运转换。国际水路货运量方面,虽然2035年中国人均国内生产总值预计将翻一番,并于2050年再翻一番,且保持主要制造和贸易国家地位,但是货运增长将主要体现在货物价值上,对于货运周转量来说增长空间并不大。

从历史数据可以看出,中国货运交通运输结构几经变化,从"铁水主导"逐步转变为"铁水公格局"。据国家统计局的数据,1980～2007年,中国货物运输主要以铁路、水路运输为主,但铁路占比从49.56%下降至23.9%,水路占比从43.8%上升至64.57%,公路占比从6.62%上升至11.41%。主要原因是铁路货运市场化程度较低,影响了铁路货运效率;而与此同时国家公路网日益完善,公路运输具有便捷灵活的优势,其占比稳步提升。2008年交通运输部开展统计专项调查,调整公路货运统计口径,因此2008年公路货运周转量发生大幅变化。2008～2019年,水路和公路承担大量货物运输,铁路占比逐步从2008年的23.17%下降至2016年的13.04%,随后上涨至15.51%。铁路货运占比提升的原因是近年来国家鼓励大宗商品通过水路、铁路等方式进行运输,减少排放。2018年国家印发《推进运输结构调整三年行动计划(2018—2020年)》,提出了公转铁、公转水的运输结构图调整目标:到2020年,与2017年相比,全国铁路货运量增加11亿吨,增长30%;全国水路货运量增加5亿吨,增长7.5%。

从国际经验来看,货运方面,美国铁路运输经历了先降后升的过程,近10年铁路货运占比始终保持在30%～40%;公路货运占比也一直呈现上升趋势。而日本方面,铁路运输占比呈现持续下降趋势,与此同时公路货运占比持续增加。

因此,推测未来中国货运交通结构将逐渐转向以公路运输为主,水路占比呈现持续下降趋势,主要是受到中国加快构建以国内大循环为主体、国内国际双循环相互促进新发展格局的影响,国内货运需求预计持续增长,同时铁路运输由于其在能耗及排放方面有显著优势,按照中国建设综合交通运输体系的发展思路,铁路运输占比将持续升高(见图8-4)。

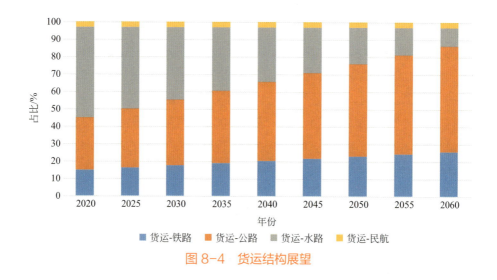

图 8-4 货运结构展望

8.2.2 交通运输能耗强度

交通运输能耗强度是反映低碳交通发展水平的重要综合性指标之一,其变化受到多重因素影响:一是交通装备能效水平,如客货车、船舶、飞机的能源结构(汽油、柴油、天然气、生物燃料、电力等)和技术水平的差异对交通运输能耗强度都会产生影响;二是运输组织水平,如应用信息技术促进出行和物流供需匹配、提高交通运输效率,未来人工智能、无人机、自动驾驶等先进技术在出行和物流领域的应用也将影响交通运输能耗强度;三是交通基础设施质量与网络水平,如高速公路、高速铁路、机场等基础设施的覆盖率等。

对于轻载中短途交通运输(主要包括乘用车和中短途货车)而言,电动化是主要的脱碳技术;对于长途重型卡车来说,清洁氢能是理想的选择,因为燃料加注速度较快、质量较轻且能量含量高。预计到2030年和2060年,新能源车在整体车辆保有量中的渗透率将分别达到30%和近100%。航空是最难脱碳的领域之一,目前来看,使用生物燃料和合成燃料、优化飞行效率是解决方案的关键组成部分。从中长期来看,生物质能特别是生物燃料将是航空减排的主要方式。

(1)基准情景 基准情景下交通部门能耗的展望是基于现有技术水平演进的线性推演结果,具体展望结果见表8-1。

表 8-1 基准情景下交通部门能耗展望

项目	2020年	2030年	2040年	2050年	2060年
公路客运/（千克标准煤/千人公里）	15.52	15.32	14.73	14.19	13.66
公路货运/（千克标准煤/百吨公里）	3.36	3.26	2.96	2.69	2.44
水路客运/（千克标准煤/百人公里）	2.08	1.88	1.79	1.72	1.67
水路货运/（千克标准煤/百吨公里）	0.84	0.75	0.71	0.68	0.66
铁路客运/（千克标准煤/千人公里）	3.64	4.64	5.17	5.43	5.42
铁路货运/（千克标准煤/百吨公里）	0.48	0.49	0.48	0.47	0.47
民航客运/（千克标准煤/千人公里）	42.50	37.63	33.01	28.81	25.15
民航货运/（千克标准煤/千吨公里）	42.50	37.63	33.01	28.81	25.15

（2）**碳中和参考情景** 碳中和参考情景是参考黄全胜等关于低碳交通碳中和参考情景设计，对国内2020～2060年货运、客运等不同交通方式的能耗强度进行参数设置，反映技术进步对于交通运输低碳发展的影响（见表8-2）。

表 8-2 碳中和参考情景下交通部门能耗展望

项目	2020年	2030年	2040年	2050年	2060年
公路客运/（千克标准煤/千人公里）	15.52	14.71	11.89	8.12	7.29
公路货运/（千克标准煤/百吨公里）	3.36	2.89	2.34	1.88	1.48
水路客运/（千克标准煤/百人公里）	2.08	1.88	1.79	1.72	1.67
水路货运/（千克标准煤/百吨公里）	0.84	0.75	0.71	0.68	0.66

续表

项目	2020年	2030年	2040年	2050年	2060年
铁路客运/（千克标准煤/千人公里）	3.64	4.25	4.51	4.75	4.95
铁路货运/（千克标准煤/百吨公里）	0.48	0.46	0.45	0.44	0.44
民航客运/（千克标准煤/千人公里）	42.50	35.70	29.16	23.02	17.22
民航货运/（千克标准煤/千吨公里）	42.50	35.70	29.16	23.02	17.22

8.3 交通部门能源消费总量与结构展望分析

8.3.1 交通部门能源消费结构

从能源结构来看，道路交通的未来发展方向将是完全电动化，电动车比内燃机车效率更高，因而电动化可以使得中国的公路和铁路交通在出行需求大量增长的条件下实现最终能源消费总量减少。目前，中国高铁已经实现了电气化，随着高铁运营总长度继续扩展，高铁的电气化也将成为路面交通电气化的重要组成部分。在船运、航空领域应用电动机的空间较小，并不能利用电气化带来能效的显著提高。对于船运和航空，短距离交通的电气化可能性在逐渐增加，但是长距离交通的脱碳化则必须依靠零碳的新型燃料开发，例如长距离航空交通的脱碳化将依靠可持续的生物质航空燃油。

基准情景：基准情景下，未来中国交通部门终端能源消费结构中化石燃料占比将维持相对高位，但电力占终端能源的比重也会持续上升。预计到2060年，中国交通部门电气化率将提升至43%，化石燃料占比将保持在50%左右（见图8-5）。

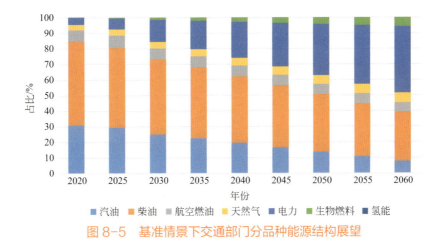

图 8-5 基准情景下交通部门分品种能源结构展望

碳中和参考情景：碳中和参考情景下，未来中国交通部门终端能源消费结构将呈现深度电气化、低碳化发展趋势，化石燃料占比不断降低，电力占终端能源的比重持续上升。预计到2060年，中国交通部门电气化率将提升至52%，化石燃料占比将下降至28%（见图8-6）。

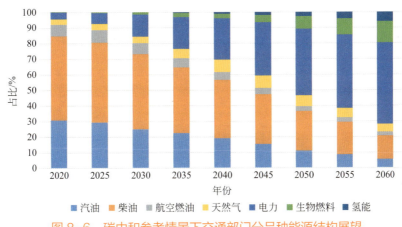

图 8-6 碳中和参考情景下交通部门分品种能源结构展望

8.3.2 交通部门能源消费总量

（1）**基准情景** 基于对中长期中国交通运输业公路、铁路、水路和民航四种主要交通运输方式客货运周转量、能源结构以及单位能耗的展望结果，基准情景下，中国公路客运和货运、水路客运、铁路客运和货运的能源消费到2060年将持续上涨；中国水路货运的能源消费将在2030年达峰，峰值约为0.9亿吨标准煤；中国民航客运的能源消费将在2030年达峰，峰值约为0.7亿吨标准煤，民航货运的能源消费将在2035年达峰，峰值约为0.3亿吨标准煤。

总体而言，基准情景下，中国交通部门的能源消费在未来40年预计总体呈现上涨趋势，到2030年后上涨趋势渐缓，到2060年交通部门能源消费总量预计在7.2亿吨标准煤左右（见图8-7）。

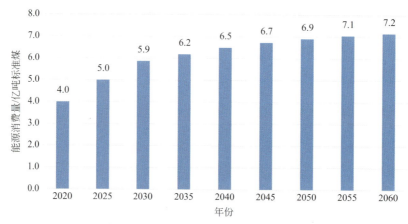

图8-7 基准情景下交通部门能源消费总量展望

（2）碳中和参考情景 结合中国交通运输业公路、铁路、水路和民航四种主要交通运输方式客货运周转量、能源结构以及单位能耗的展望结果，碳中和参考情景下，中国公路客运的能源消费将在2030年达峰，峰值约为0.2亿吨标准煤，公路货运的能源消费将在2045年达峰，峰值约为3.4亿吨标准煤；中国水路客运的能源消费到2060年将持续上涨，水路货运的能源消费将在2025年达峰，峰值约为0.9亿吨标准煤；中国铁路客运及货运的能源消费到2060年将持续上涨；中国民航客运的能源消费将在2030年达峰，峰值约为0.6亿吨标准煤，民航货运的能源消费将在2030年达峰，峰值约为0.3亿吨标准煤。

从图8-8来看，预计在碳中和参考情景下中国交通部门能源消费总量在2040年前后达峰，峰值约为5.5亿吨标准煤，到2060年交通部门能源消费总量预计为4.7亿吨标准煤。

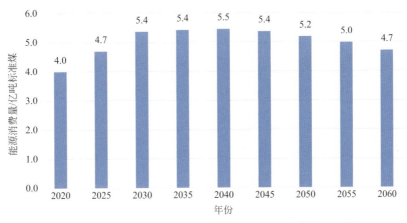

图 8-8 碳中和参考情景下交通部门能源消费总量展望

8.4 交通部门能源结构优化的目标与路径

中国交通部门终端能源消费总量要争取在 2040 年前后达峰，峰值约为 5.5 亿吨标准煤，到 2060 年交通部门终端能源消费总量控制在 4.7 亿吨标准煤。

从能源结构来看，未来中国交通部门终端能源消费结构将呈现深度电气化、低碳化发展趋势，化石燃料占比不断降低，电力占终端能源的比重持续上升。到 2060 年，中国交通部门电气化率应当提升至 52%。

在对交通部门能源消费进行展望分析的基础上，参考《中华人民共和国国民经济和社会发展第十四个五年规划和 2035 年远景目标纲要》《2030 年前碳达峰行动方案》等碳达峰碳中和政策文件和中长期规划文件，提出交通部门助力"30·60 双碳"目标、优化能源结构的阶段性目标与路径。

（1）2025 年前：控制客货运需求，优化运输结构

第一，积极引导低碳出行。加快城市轨道交通、公交专用道、快速公交系统等大容量公共交通基础设施建设，加强自行车专用道和人行步道等城市慢行系统建设。综合运用法律、经济、技术、行政等多种手段，加大城市交通拥堵治理力度。

第二，优化交通运输结构。加快建设综合立体交通网，大力发展多式联运，提高铁路、水路在综合运输中的承运比重，持续降低运输能耗和二氧化碳排放强度。优化客运组织，引导客运企业规模化、集约化经营。加快发展绿色物流，整合运输资源，提高利用效率。2025年交通客货运运输结构目标见表8-3。

表 8-3　2025 年交通客货运运输结构目标

客运				货运			
铁路	公路	水路	民航	铁路	公路	水路	民航
41%	25%	1%	33%	16%	34%	47%	3%

（2）2030年前：建设低碳交通运输体系

第一，构建绿色高效交通运输体系。大力发展以铁路、水路为骨干的多式联运，推进工矿企业、港口、物流园区等铁路专用线建设，加快内河高等级航道网建设，加快大宗货物和中长距离货物运输"公转铁""公转水"。加快先进适用技术应用，提升民航运行管理效率，引导航空企业实现系统化节能降碳。加快城乡物流配送体系建设，创新绿色低碳、集约高效的配送模式。打造高效衔接、快捷舒适的公共交通服务体系，积极引导公众选择绿色低碳交通方式。

第二，加快绿色交通基础设施建设。将绿色低碳理念贯穿于交通基础设施规划、建设、运营和维护全过程，降低全生命周期能耗和二氧化碳排放。开展交通基础设施绿色化提升改造，统筹利用综合运输通道线位、土地、空域等资源，加大岸线、锚地等资源整合力度，提高利用效率。有序推进充电桩、配套电网、加注（气）站等基础设施建设，提升城市公共交通基础设施水平。

第三，加快发展新能源和清洁能源车船，推广智能交通。加快构建便利高效、适度超前的充换电网络体系。健全交通运输装备能效标识制度，加快淘汰高耗能、高排放老旧车船。积极扩大电力、氢能、天然气、先进生物燃料等新能源和清洁能源在交通运输领域应用。大力推广新能源汽车，降低传统燃油汽车在新车产销和汽车保有量中的占比，推动城市公共服务车辆电动化替代，推广电力、氢燃料、液化天然气动力重型货运车辆。推进铁路电气化改造，提升铁路系统电气化水平。加快老旧船舶更新改造，发展电动、液化天然气动力船舶，因地制宜开展沿海、内河绿色智能船舶示范应用。提升机场运行电动化、智能化水平，发展新能源航空器。

到2030年，中国交通部门的终端能源消费量应当控制在5.4亿吨标准煤。同时，到2030年新增新能源、清洁能源动力的交通工具比例应当达到40%左右，国家铁路单位换算周转量综合能耗比2020年下降10%，陆路交通运输石油消费达到峰值。

（3）2060年前：发展智慧交通，推动交通运输服务系统革新 智慧交通是在交通信息采集、传输和可视化的基础上，融入了更加先进的信息处理技术、通信技术、传感技术、高性能计算机技术和系统综合技术，将"人、车、路、环境、大数据中心等"有机融合起来，加强了协同运作、个性化和智能化运作。大数据、云计算、人工智能、物联网等新技术快速发展，推动了无人驾驶技术的更新换代。在智能汽车研发生产过程中，大量运用AI（人工智能）技术，系统软件和服务平台对城市交通智能化建设给予了友好支持。

应当以交通大数据为基础，从社会需求出发，利用智慧制造技术提升未来城市交通智能化水平，推动城市交通变革，使政府管理由单向管理向协同治理转变，交通服务由被动式响应向主动供给转变，推动不同运输方式合理分工、有效衔接，从而提高交通部门能源使用效率、优化能源消费结构。交通部门能源结构优化的主要控制性目标见表8-4。

表8-4 交通部门能源结构优化的主要控制性目标

指标		2025年	2030年	2060年
交通运输周转量目标	铁路客运周转量/亿人公里	19014	22742	29421
	公路客运周转量/亿人公里	11599	14024	19302
	水路客运周转量/亿人公里	151	251	865
	民航客运周转量/亿人公里	14866	17468	20195
	铁路货运周转量/亿吨公里	38833	49254	91807
	公路货运周转量/亿吨公里	80448	105034	217129
	水路货运周转量/亿吨公里	111362	116190	38098
	民航货运周转量/亿吨公里	7158	8423	11028

续表

指标		2025 年	2030 年	2060 年
交通运输能耗强度目标	公路客运/（千克标准煤/千人公里）	15.11	14.71	7.29
	公路货运/（千克标准煤/百吨公里）	3.12	2.89	1.48
	水路客运/（千克标准煤/百人公里）	1.98	1.88	1.67
	水路货运/（千克标准煤/百吨公里）	0.80	0.75	0.66
	铁路客运/（千克标准煤/千人公里）	3.93	4.25	4.95
	铁路货运/（千克标准煤/百吨公里）	0.47	0.46	0.44
	民航客运/（千克标准煤/千人公里）	38.95	35.70	17.22
	民航货运/（千克标准煤/千吨公里）	38.95	35.70	17.22
交通部门能源结构目标	煤炭	0%	0%	0%
	石油	89%	80%	23%
	天然气	4%	4%	5%
	电力	7%	14%	52%

8.5 交通部门能源结构优化的对策

交通部门要实现能源结构优化与低碳转型，应着重围绕出行模式转变、运输结构优化、新能源汽车推广、发展智慧交通等方向展开工作。

（1）**促进交通出行模式转变**　出台充分利用经济杠杆减少小汽车依赖的需求管理政策，调节机动车空间和时间出行结构，并通过立法明确相关措施的合法性。建议研究设置居民交通出行碳账户，出台将城市交通纳入碳交易体系的工作方案。同时，以信息技术为支撑打造以公共交通为核心的多样化、一体化全链条出行服务。

（2）**持续推动运输结构优化**　建议以适合铁路运输、需求量较大的货类为重点，推动大宗货物从公路转到铁路运输。强化运输结构调整的政策保障，建议以政府、企业、铁路部门等多方共担的方式，解决重点货类公铁运输差价的问题。强化公路超限超载治理手段和惩处力度，为运输结构调整提供更为公平的发展环境。与此同时，结合"公转铁"实际需求，构建多层级的物流设施网络体系，并提升铁路运能和服务水平，为货物"公转铁"打造良好的发展条件。

（3）**加速新能源汽车推广**　建议国家及城市层面尽早出台面向碳达峰碳中和的机动车电动化发展路线图，明确禁售燃油车时间表。建立和完善面向城市机动车电动化的政策体系，在推动新增和更新车辆为新能源汽车的基础上，以运营激励、设置超低排放区（或零排放区）等路权配置措施为重点，进一步加大存量燃油车替换为新能源汽车的政策引导力度，为新能源汽车使用创造有利环境。

（4）**发展智慧交通提升运输效率**　建议从技术研究、标准规范制定等多个层面深化智慧交通的研究，并进一步扩大实践范围，推进未来交通系统转型。明确与自动驾驶相关的城市交通规划建设与运营管理框架体系，提前部署新型交通基础设施。构建城市交通智慧管理系统，实现交通出行的组织优化。

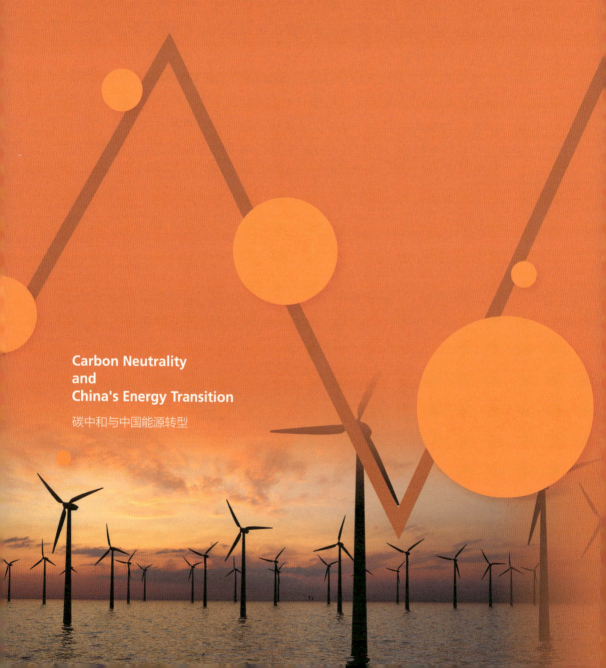

Carbon Neutrality and China's Energy Transition

碳中和与中国能源转型

第 9 章

电力部门能源结构优化路径研究

9.1 电力部门发展现状
9.2 电力部门中长期发展趋势展望分析
9.3 电力部门能源消费总量展望分析
9.4 电力部门能源结构优化的目标与路径
9.5 电力部门能源结构优化的对策

9.1 电力部门发展现状

长期以来,电力部门,尤其是火力发电,一直是中国二氧化碳排放的主要部门之一。截至2020年底,中国全口径发电装机容量达到了22亿千瓦,累计增长9.5%。"十三五"时期,全国全口径发电装机容量年均增长7.6%,其中非化石能源装机容量年均增长13.1%,占总装机容量比重从2015年底的34.8%上升至2020年底的44.8%,提升10个百分点;煤电装机容量年均增长3.7%,占总装机容量比重从2015年底的59.0%下降至2020年底的49.1%。

经过多年努力,中国在能源结构转型方面取得较好成效,可再生能源装机年均增长约12%,新增装机占比超过50%,总装机占比稳步提升。根据国家能源局2020年公布的数据,全国电源新增装机容量19087万千瓦,其中风电7167万千瓦、太阳能发电4820万千瓦。新能源占比得到进一步提升,主要新增来自光伏和风电,风电和光伏装机占全国装机的比重比2019年底分别提高2.76%和1.33%,火电占比由61.13%降为58.16%(见图9-1),电源装机结构进一步优化。

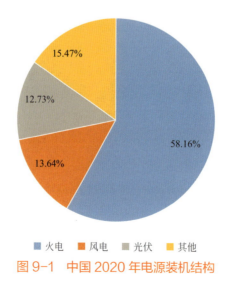

图 9-1 中国 2020 年电源装机结构

截至2020年底，国内风电、光伏合计装机容量约5.35亿千瓦，根据气候雄心峰会上提出的2030年风电、光伏总装机12亿千瓦以上的目标，未来10年中国风电、光伏年均新增装机将超过6600万千瓦。除了风、光两大清洁能源外，水电和核电作为零碳排放能源，也将迎来新的发展机遇。《中华人民共和国国民经济和社会发展第十四个五年规划和2035年远景目标纲要》要求推进能源革命，建设清洁低碳、安全高效的能源体系，提高能源供给保障能力。主要包括：加快发展非化石能源，坚持集中式和分布式并举，大力提升风电、光伏发电规模，加快发展东中部分布式能源，有序发展海上风电，加快西南水电基地建设，安全稳妥推动沿海核电建设，建设一批多能互补的清洁能源基地，非化石能源占能源消费总量比重提高到20%左右。

虽然风电和光伏发展快速，但在中国整体电力系统中，风电和光伏发电比例仍然偏低。国家统计局数据显示，2020年中国发电量中，风力发电量占比为5.6%，而光伏发电量仅占1.9%。发电量比例低的一个重要原因是，新能源发展与电力系统的协调性不好。现行的电力系统是以常规化石能源为基础的电力系统，由于新能源大规模发展以及电力电能的特性，使其与传统的电力系统不论是从技术、基础设施、电力市场特性还是行业管理上都存在不协调问题。

另外，中国西部和北部地区的光伏发电潜力和平均风电密度较高，但远离大多数电力需求较高的大城市中心，根据各省2019年光伏发电量情况，光伏发电量集中在西北部和东部沿海地区。鉴于中国地域的复杂性，既需考虑在人口稀少地区（尤其是西北地区）开发风电和光伏资源的竞争力，也需解决整合和发展电网所面临的困难，并谨慎平衡二者的关系。

9.2 电力部门中长期发展趋势展望分析

9.2.1 发电量

近年来，中国能源供应保障能力不断增强，能源节约和结构优化成效显著。截至2020年底，全国可再生能源发电累计装机容量9.34亿千瓦，同比增长约17.5%，占全部电力装机的42.5%。其中，水电装机3.7亿千瓦（其中抽水蓄能3149万千瓦）、风电装机2.81亿千瓦、光伏发电装机2.53亿千瓦、生物质发电装机2952万千瓦。

1980～2017年，中国总用电量增长了20多倍。工业部门是中国用电量最大的部门，在1980年占总用电量80%以上，2017年占69%。1980～2017年，工业部门用电量年均增长8%左右。建筑部门和交通部门的用电量增长快于工业部门，1980～2017年，这两个部门分别年均增长13%和15%，反映了这些部门电气化的增长速度。电力在终端能源消费中的比重从2000年的15%上升到2010年的19%、2017年的23%。在终端产业部门中，交通部门的电气化率最低，2017年为4%；建筑部门电气化率最高，2017年达到近30%；工业部门电气化率为24%；同期，农业领域的电气化率从22%小幅下降至21%。

在实施长期深度脱碳战略的情况下，工业、建筑、交通等终端部门将加快电气化发展，进而提高电力在终端能源消费中的比重以及发电用能在一次能源中的比重，并导致电力增速快于能源消费增速，因此未来中国电力需求和发电量仍将持续上升。由于电力部门国际贸易的规模很小，可以认为电力供给完全由电力需求决定。

因此，本节在计算发电量时，采用了由需求倒推供给的思路，基于工业、建筑、交通等终端部门能源消费中对于电力需求的展望分析结果，再考虑供电过程中电力的传输损失后计算得到的。

（1）基准情景 基于基准情景的情景设置，预计中国未来40年的发电量将呈现不断上涨的趋势。对比碳中和参考情景下发电量的上涨趋势，预计基准情景下发电量的上涨趋势相对较小。如图9-2所示，中国2020年的发电量约为7.6万亿千瓦·时，2030年的发电量约为10.2万亿千瓦·时，2050年发电量约为12.3万亿千瓦·时，预计到2060年中国发电量约为13.8万亿千瓦·时。

（2）碳中和参考情景 碳中和参考情景下的发电量预测结果如图9-3所示，中国发电量将由2020年的7.6万亿千瓦·时逐年增长至2060年的15.4万亿千瓦·时。其中，2030年中国的发电量预计为9.9万亿千瓦·时，2050年发电量为13.6万亿千瓦·时。

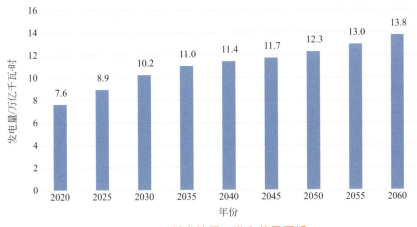

图 9-2 基准情景下发电总量展望

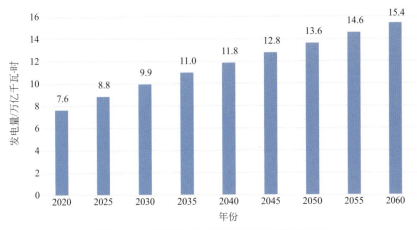

图 9-3 碳中和参考情景下发电总量展望

9.2.2 发电结构

一次电力,即由水力、太阳能、风能、地热能、核能和其他不是通过燃烧转化产生,并使用直接等效法转化为标准化能源单位的电力,其目前的市场份额已从1980年的1.2%增长到2019年的7.8%。一次电力消耗的增长与太阳能、风能和其他可再生电力容量的扩张密切相关,这些产能自2010年以来一直在迅速扩大。近10年来,中国传统化石能源发电装机比重持续下降,新能源装机比重明显上升。与2011年相比,2020年风电、太阳能发电装机比重上升了近20个百分点，发电装机结构进一步优化。

未来中国将加速淘汰煤电，并大力推进可再生能源发电比例，进而推动电力部门的脱碳。考虑到这样的现实情况，风电、太阳能等可再生能源发电短期内还无法填补电力需求的空缺，所以在未来10年左右的时间内，天然气发电会作为过渡发电方式，因此未来天然气发电占比会出现小幅度的增加而后降低。

基准情景下，中国发电结构将由化石能源主导逐步转向以非化石能源电力为主。2060年相比2020年，预计中国非化石能源发电占比将从32.4%提升至约91.5%，而煤电占比则将基本全部去除（见图9-4）。

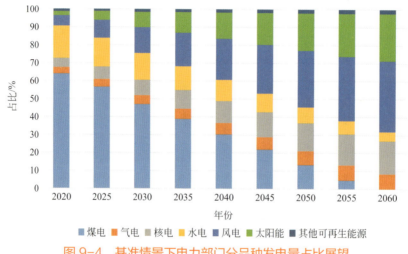

图9-4 基准情景下电力部门分品种发电量占比展望

这里需要说明的是，基准情景下的发电结构由中国过去10年发电结构的发展变化趋势线性推演得到，但是为了使碳中和参考情景与基准情景形成更加鲜明的对比，体现在满足碳排放约束的前提下，煤电在中国中长期发电结构中仍应占据一定地位，发挥"压舱石"的作用，对煤电的占比进行了微调，将基准情景下2060年的煤电占比设定为0%。

碳中和参考情景下，中国大部分新增电力需求主要由非化石能源电力满足。2060年相比2020年，预计中国非化石能源发电占比将从32.4%提升至约90.5%，而煤电占比将由2020年的64%下降至2060年的5.5%左右（见图9-5）。

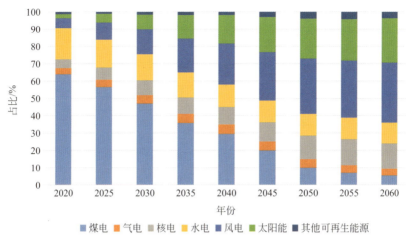

图9-5 碳中和参考情景下电力部门分品种发电量占比展望

9.2.3 发电效率

电力在中国终端能源消费的比重将不断增长，清洁低碳是大势所趋。2002～2011年，中国供电煤耗从383克/（千瓦·时）下降到329克/（千瓦·时）。近5年来，煤电机组供电煤耗累计下降13克标准煤，达到世界领先水平。2019年，国家华电集团供电煤耗完成298.3克/（千瓦·时），同比下降2.03克/（千瓦·时），实现了300克/（千瓦·时）以下的历史性突破。国家电投集团供电煤耗同比下降0.54克/（千瓦·时），为299.84克/（千瓦·时）。国家能源集团供电煤耗完成304.8克/（千瓦·时），同比下降1.6克/（千瓦·时）。

另外，国内先进机组的供电煤耗也为中国提供了中长期节能标杆。上海外高桥第三发电有限责任公司在2012年和2013年，在负荷率仅为77%、78.15%的情况下，供电煤耗分别为276.14克/（千瓦·时）、276.82克/（千瓦·时），是当时的世界第一。2019年华润电力河北唐山曹妃甸电厂4号机组作为"上海外三电厂升级版"，以低于263克/（千瓦·时）的供电煤耗再次创造世界煤电行业最好水平。

因此，设定2030年国内供电煤耗的平均水平大概为301克/（千瓦·时），到2060年预计供电煤耗在271克/（千瓦·时）左右，较2020年下降约35克/（千瓦·时）（见表9-1）。

表 9-1　供电煤耗展望　　　单位：克/(千瓦·时)

项目	2020年	2025年	2030年	2035年	2040年	2045年	2050年	2055年	2060年
供电煤耗	306	303.5	301	297.3	293.5	288.5	283.5	277.3	271

9.3　电力部门能源消费总量展望分析

伴随着两个情景中发电量预测的持续增长，两个情景电力部门能源消费总量将长期保持上升趋势。

（1）基准情景　基准情景下，由于发电量增长较碳中和参考情景慢，因此该情景下电力部门能源消费量的增长也较慢。预计中国电力部门的能源消费总量从2020年的23.4亿吨标准煤逐年上涨到2060年的37.3亿吨标准煤（见图9-6）。

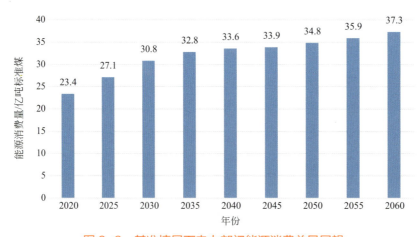

图 9-6　基准情景下电力部门能源消费总量展望

（2）碳中和参考情景　碳中和参考情景下中国电力部门的能源消费总量预计将从2020年的23.4亿吨标准煤增长到2060年的41.7亿吨标准煤。由于碳中和参考情景下电力需求相对更大，因此2060年电力部门的能源消费量较基准情景提高了约4.4亿吨标准煤（见图9-7）。

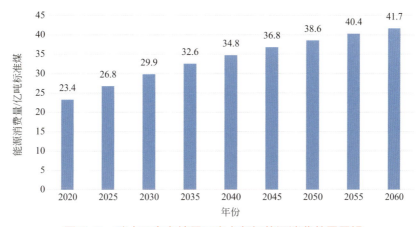

图 9-7　碳中和参考情景下电力部门能源消费总量展望

9.4　电力部门能源结构优化的目标与路径

中国发电量预计将由2020年的7.6万亿千瓦·时逐年增长至2060年的15.4万亿千瓦·时左右。从发电结构来看，中国大部分新增电力需求将主要由非化石能源电力满足。2060年中国非化石能源发电占比应当提升至约90.5%。

在对电力部门开展能源消费展望分析的基础上，参考《中华人民共和国国民经济和社会发展第十四个五年规划和2035年远景目标纲要》《2030年前碳达峰行动方案》等碳达峰碳中和政策文件和中长期规划文件，提出电力部门助力"30·60双碳"目标、优化电源结构的阶段性目标与路径。

（1）2025年前：推动煤电转型与水电开发

一是推进煤炭消费替代和转型升级。加快煤炭减量步伐，"十四五"时期严格合理控制煤炭消费增长。严格控制新增煤电项目，新建机组煤耗标准达到国际先进水平，有序淘汰煤电落后产能，加快现役机组节能升级和灵活性改造，积极推进供热改造，推动煤电向基础保障性和系统调节性电源并重转型。

二是因地制宜开发水电。积极推进水电基地建设，推动金沙江上游、澜沧江上游、雅砻江中游、黄河上游等已纳入规划、符合生态保护要求的水电项目开工建设，推进雅鲁藏布江下游水电开发，推动小水电绿色发展。推动西南地区水电与风电、太阳能发电协同互补。

（2）2030年前：大力发展新能源

一是全面推进风电、太阳能发电大规模开发和高质量发展，坚持集中式与分布式并举，加快建设风电和光伏发电基地。加快智能光伏产业创新升级和特色应用，创新"光伏+"模式，推进光伏发电多元布局。坚持陆海并重，推动风电协调快速发展，完善海上风电产业链，鼓励建设海上风电基地。积极发展太阳能光热发电，推动建立光热发电与光伏发电、风电互补调节的风光热综合可再生能源发电基地。因地制宜发展生物质发电、生物质能清洁供暖和生物天然气。探索深化地热能以及波浪能、潮流能、温差能等海洋新能源开发利用。进一步完善可再生能源电力消纳保障机制。到2030年，风电、太阳能发电总装机容量达到12亿千瓦以上。

二是积极安全有序发展核电。合理确定核电站布局和开发时序，在确保安全的前提下有序发展核电，保持平稳建设节奏。积极推动高温气冷堆、快堆、模块化小型堆、海上浮动堆等先进堆型示范工程，开展核能综合利用示范。加大核电标准化、自主化力度，加快关键技术装备攻关，培育高端核电装备制造产业集群。实行最严格的安全标准和最严格的监管，持续提升核安全监管能力。

（3）2060年前：加快建设新型电力系统 构建新能源占比逐渐提高的新型电力系统，推动清洁电力资源大范围优化配置。大力提升电力系统综合调节能力，加快灵活调节电源建设，引导自备电厂、传统高载能工业负荷、工商业可中断负荷、电动汽车充电网络、虚拟电厂等参与系统调节，建设坚强智能电网，提升电网安全保障水平。积极发展"新能源+储能"、源网荷储一体化和多能互补，支持分布式新能源合理配置储能系统。制定新一轮抽水蓄能电站中长期发展规划，完善促进抽水蓄能发展的政策机制。全面推进电力市场化改革，加快培育发展配售电环节独立市场主体，完善中长期市场、现货市场和辅助服务市场衔接机制，扩大市场化交易规模。推进电网体制改革，明确以消纳可再生能源为主的增量配电网、微电网和分布式电源的市场主体地位。加快形成以储能和调峰能力为基础支撑的新增电力装机发展机制。完善电力等能源品种价格市场化形成机制。从有利于节能的角度深化电价改革，理顺输配电价结构，全面放开竞争性环节电价。推进煤炭、油气等市场化改革，加快完善能源统一市场。电力部门能源结构优化的主要控制性目标见表9-2。

表 9-2　电力部门能源结构优化的主要控制性目标

指标		2025 年	2030 年	2060 年
发电量目标	发电量/万亿千瓦·时	8.8	9.9	15.4
发电效率目标	供电煤耗/[克/（千瓦·时）]	304	301	271
电源结构目标	煤电	57%	47%	6%
	气电	4%	5%	4%
	核电	7%	9%	15%
	水电	16%	15%	12%
	风电	10%	14%	35%
	太阳能	5%	9%	26%

9.5　电力部门能源结构优化的对策

电力部门低碳转型和发电结构优化的路径可归纳为五大举措，分别是结构优化、技术创新、电网升级、市场交易和金融支持。

（1）优化电源结构　提高可再生能源、核能等低碳能源在电源结构中的占比是电力行业转型的重要基石。电力部门应制定更加积极的新能源和可再生能源发展目标，加快风电和太阳能发电建设，因地制宜开发水电，积极有序发展核电。在风电方面，建议关注"三北"大型风电、东南沿海海上风电和东中部分散式风电的建设。在太阳能发电方面，西北地区依然是中国重要的能源供给基地，集中式光伏作为优势资源也将继续增长，东中部地区则可因地制宜合理发展分布式光伏。

同时，电力行业的二氧化碳排放基本全部来自煤电机组，低碳转型发展要做好煤电的"减法"工作，包括严控煤电新增装机，淘汰落后产能；优化煤电布局，在西北部等地区依托煤炭基地优势，集中建设大型、高效的煤电基地；转变煤电功能，逐步推动煤电职能由基荷电源向辅助电源转变，为保障电力供应安全提供支撑。

（2）通过技术创新支撑减排　利用新兴能源技术进行减排，包括氢能和CCUS技术。国际能源署（IEA）预测，至2060年全球约97%的燃煤电厂均将配备CCUS，气电和生物质发电配备CCUS装置的比例也将分别达到76%和32%左右。电力部门应积极布局，提前加码氢能、CCUS等新技术发展。短期内可充分利用弃风弃光进行电解水制氢，未来随可再生能源发电成本持续下降，可将氢能发电机整合到电网电力输送线路中，与制氢装置协同作用，在用电低谷时电解水制备氢气，在用电高峰时再通过氢能发电，提高能源利用效率。

（3）加强电网设施建设　电网连接电力生产和消费，是能源转型的中心环节，也是电力系统碳减排的核心枢纽。未来中国电力需求将继续平稳提升，东中部仍是用电中心，大型清洁能源基地则分布于西北部。针对大规模可再生能源并网发电带来的新要求，根据不同地区可再生能源资源禀赋差异、机组结构差异等特点，应加强跨省跨区域的电力传输设施建设。电力需求和资源禀赋逆向分布决定了"西电东送"和"北电南供"电力格局不变，跨区域跨省清洁电力流规模还将继续扩大。

首先，要加快东西部同步电网建设。东部以"三华"特高压同步电网为主，建成"五横四纵"特高压交流主干网，提升电网的安全稳定性；西部以川渝特高压主网为核心，提升电力输送能力，保障供电的可靠性。其次，优化电力运行计划和传输调度机制，开发适应于中国电力系统特点的大电网互联调度平台，保障电力供给与需求的匹配，满足可再生能源发展的需求。加强跨区域电网的互联互通，实现跨区域的多能互补，扩大电网平衡区域，增加系统的灵活性，提升传输通道的总容量和利用效率，增强可再生能源消纳能力。在大电网不断建设发展的同时，推动以分布式可再生能源为基础的微电网发展。重点提高微电网对可再生能源的分散开发利用，优化配置可再生能源资源，为整个电网体系的灵活发展提供助力。

（4）建设现代化电力市场体系　推动电力体制改革，建设具有灵活性、竞争性的现代化电力市场体系，是电力行业实现低碳转型的重要保障。应加快电力现货市场建设，加快构建促进新能源和可再生能源消纳的市场机制，完善以中长期交易为主、现货交易为补充的省间交易体系，扩大新能源和可再生能源跨区域跨省交易规模，健全能源电力价格合理形成和成本疏导机制。

与此同时，充分考虑碳市场对电力市场的影响，将电能价格与二氧化碳排放成本有机结合，相互促进、互相补充。应积极研究绿证、碳交易机制及其与电力市场的耦合方式，推动构建适应高比例新能源和可再生能源发展的市场模式。积极制定碳交易策略，及时分析发电层面二氧化碳排放数据，优化投资和交易组合，根据配额盈缺变化及时开展碳资产交易，优化生产调度，降低履约成本，更好推动能源清洁低碳转型。

（5）发展绿色金融保障投资需求 电力部门的中长期低碳转型和发电结构优化，伴随长期的大规模投资资金需求，规模远大于现有的投资水平，这也将是推动中国经济结构优化调整的重要因素，绿色发展将成为经济转型的新动能。要发挥绿色金融体系的作用，通过政策、产品、市场、技术方面的创新，助力实现碳中和目标。

体系顶层设计方面，尽快制定和完善绿色金融政策体系，推动绿色债券市场建设及开放，加大绿色信贷尤其是碳减排方向的贷款投放引导；积极培育多元化的投资者，拓宽绿色经济的投融资渠道；探索运用政府补贴、税收优惠、信用担保等多种政策手段，为相关企业提供金融支持；鼓励相关的投资基金以可再生能源技术为重要领域，推动可再生能源技术的发展和成果转化，为大规模的可再生能源基础设施建设提供保障。

产品和市场创新方面，加快绿色金融制度创新，推动绿色金融市场建设，尤其是绿色金融离岸市场建设；丰富和完善绿色金融产品，开发多样化的绿色金融工具，引导地方绿色资本、跨国绿色投资等合理有序进入可再生能源领域，推动金融资本对可再生能源企业和技术的多元化支持，为实现"双循环"的新发展格局奠定基础。

推进碳排放权交易和碳金融市场的深度融合，进一步完善碳市场的运行规则和监管制度，引导通过碳指数、碳期货、碳基金、碳租赁等多样化的金融工具，提升碳交易市场的定价能力，增强交易效率，吸引更多社会资本运用市场化的手段，保障电力部门低碳转型和结构优化的投资需求。

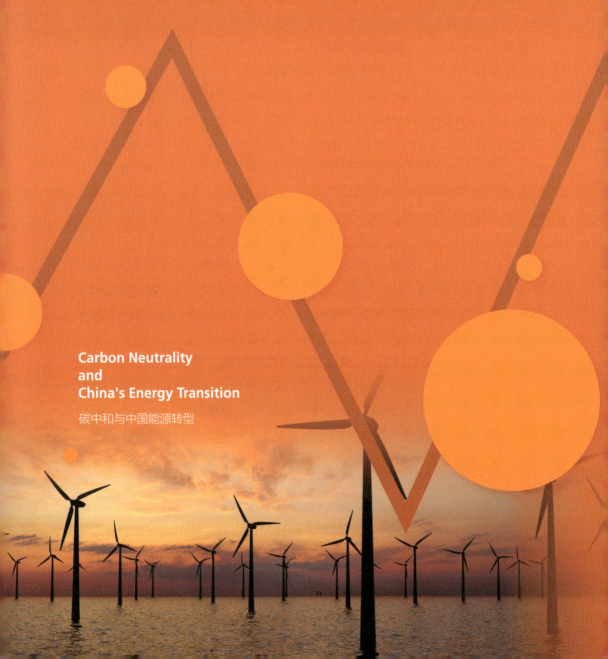

Carbon Neutrality
and
China's Energy Transition

碳中和与中国能源转型

第10章

基于能源品种的能源转型分析

10.1 煤炭消费
10.2 非化石能源消费

10.1 煤炭消费

根据十三届全国人大常委会第二十二次会议上审议的国务院关于2019年度国有资产管理情况的综合报告，截至2019年底，全国煤炭查明资源储量、石油和天然气剩余技术可采储量分别为17182.6亿吨、35.5亿吨、5.97万亿立方米。"富煤、贫油、少气"的资源禀赋一方面决定了中国在能源革命到来前，煤炭在国内一次能源使用中的占比处于居高不下的状态；另一方面也凸显了煤炭对于中国能源自给和能源安全的战略重要性。

煤炭作为中国最主要的一次能源，在国民经济发展过程中具有重要的作用。作为世界上最大的煤炭生产和消费国，煤炭已深植于中国的能源体系及经济体系，广泛应用于发电、钢铁和水泥生产、建筑材料、化学制品和建筑领域。"十二五"和"十三五"期间（2011～2020年），中国实施了一系列煤炭控制措施，2013年后中国煤炭消费总量有所下降，但近年来出现反弹势头，2019年煤炭消费量几乎反弹到2013年的水平。据国家统计局核算，2020年全国煤炭消费量28.29亿吨，同比增长0.6%，煤炭消费量占能源消费总量的56.8%，同比下降0.9%。2010～2020年，煤炭在中国一次能源消费结构中的比重从69.2%降至56.8%，但占比仍过半。

近些年来，由于火电需求的坚挺、煤化工行业的快速发展等，工业、建筑、交通、电力四大行业的煤炭消费量占中国煤炭消费总量的比重不断增加。根据中国煤炭工业协会测算，2019年电力行业煤炭消费量增幅较大，全年耗煤22.9亿吨左右，同比增长9%；钢铁行业全年耗煤6.5亿吨左右，同比增长4.8%；化工行业耗煤3.0亿吨左右，同比增长7.1%；建材行业耗煤有所减少，全年耗煤3.8亿吨左右，同比下降24%。

虽然水电、风电、光电、核电等清洁能源的比重会不断提升，但短期内火电的主要地位仍然难以改变。煤炭在中国能源体系中的核心地位，导致其产生的二氧化碳排放在全国碳排放总量中的占比同样高于石油、天然气。

在"30·60双碳"目标下，中国未来朝着清洁可再生的方向发展，煤炭消费的占比下降将是必然趋势。但从资源禀赋和能源安全角度考虑，煤炭作为中国的托底能源在未来的能源消费中始终会占有一席之地。

10.1.1 工业部门煤炭消费及占比

预计短期内工业部门终端能源消费中的煤炭消费量将继续增长,并在 2025 年达到峰值 10.8 亿吨标准煤左右,随后煤炭消费量逐年减少,至 2060 年预计降至 2.1 亿吨标准煤(见图 10-1)。

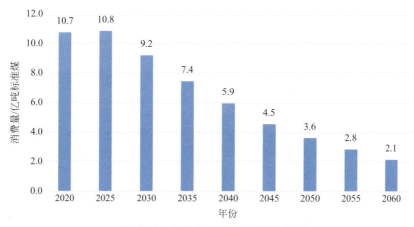

图 10-1　工业部门煤炭消费量展望

如图 10-2 所示,煤炭在工业部门终端能源消费中的占比呈现下降趋势,2020 年煤炭消费占工业部门能源消费的比重约为 48.9%,到 2060 年,煤炭消

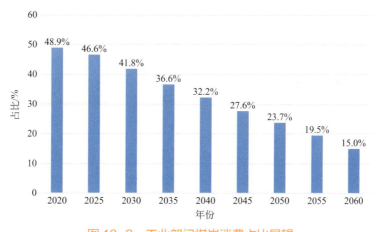

图 10-2　工业部门煤炭消费占比展望

费占比将下降至15.0%。

10.1.2 建筑部门煤炭消费及占比

如图10-3所示，2020年建筑部门的煤炭消费量预计为1.75亿吨标准煤，到2030年为1.04亿吨标准煤，到2060年建筑部门的煤炭消费量将减少至320万吨标准煤左右。

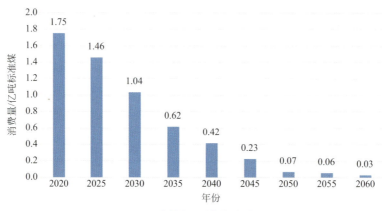

图10-3 建筑部门煤炭消费量展望

如图10-4所示，煤炭在建筑部门能源消费中的占比呈现下降趋势，由2020年21.0%的占比下降到2030年的11.6%、2035年的7.0%，2050年为0.8%，最终到2060年煤炭在建筑部门能源消费中的占比为0.4%。

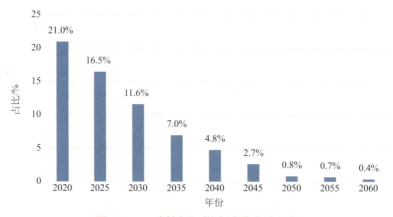

图10-4 建筑部门煤炭消费占比展望

10.1.3 终端煤炭消费及占比

预计终端煤炭消费于2020年达峰，峰值为12.5亿吨标准煤。随后呈现下降趋势，预计到2060年终端煤炭消费量为2.2亿吨标准煤（见图10-5）。

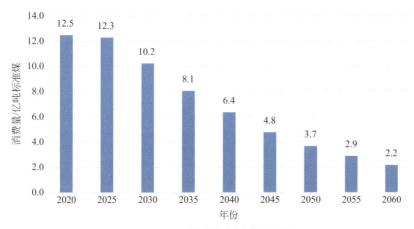

图 10-5　终端煤炭消费量展望

相较于其他能源品种，终端煤炭消费的占比在5年内是最高的，2025年终端煤炭消费占比约为33.4%。后由于电气化水平的提高，从2030年开始，终端电力消费已经超越煤炭消费，终端煤炭消费呈现稳步下降趋势，到2060年，预计终端煤炭消费占比为8.1%左右（见图10-6）。

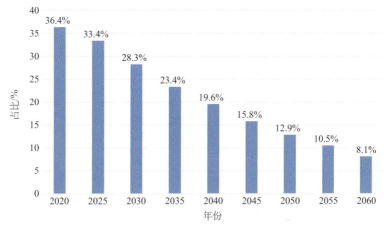

图 10-6　终端煤炭消费占比展望

10.1.4　电力部门煤炭消费及占比

预计短期内中国发电用能中的煤炭消费量将继续增长，并在2025年达到峰值15.2亿吨标准煤，随后煤炭消费量逐年减少，至2060年预计降至2.3亿吨标准煤（见图10-7）。

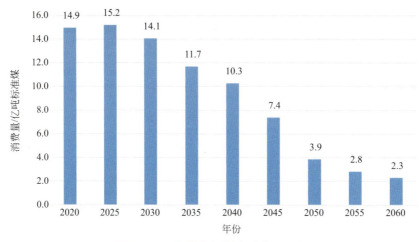

图10-7　电力部门煤炭消费量展望

如图10-8所示，煤炭在电力部门能源消费中的占比呈现下降趋势，与2020年相比，2060年的煤炭消费占比将下降58.5%。

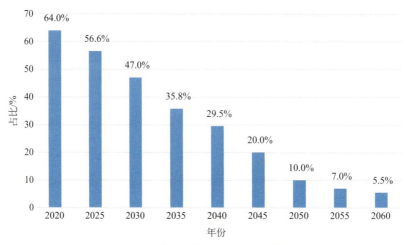

图10-8　电力部门煤炭消费占比展望

10.1.5 煤炭消费总量及占比

从一次能源消费看，预计中国煤炭消费总量将从2020年的28.3亿吨标准煤，下降至2060年的4.5亿吨标准煤（见图10-9）。

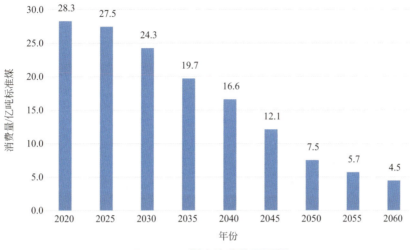

图10-9 煤炭消费总量展望

煤炭在一次能源消费中的占比不断下降，与2020年相比，2060年中国煤炭消费占一次能源消费总量的比重将由56.9%下降至9.1%（见图10-10）。

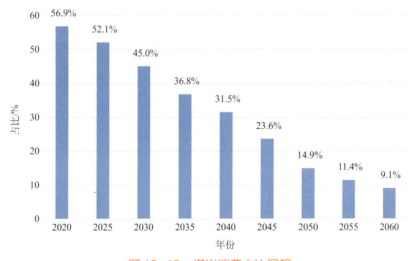

图10-10 煤炭消费占比展望

10.1.6　碳排放约束下煤炭行业优化发展分析

2021年9月13日，习近平总书记在国家能源集团榆林化工有限公司考察时强调，能源产业要继续发展，否则不足以支撑国家现代化。煤炭能源发展要转化升级，走绿色低碳发展的道路。这样既不会超出资源、能源、环境的极限，又有利于实现碳达峰、碳中和目标，适应建设人类命运共同体的要求。

（1）煤炭短期内仍处于能源结构主力位置，中长期定位将逐步转型　碳达峰碳中和目标下，"去煤"的讨论不绝于耳。从资源禀赋和能源安全的角度考虑，未来一段时期内煤炭在中国能源结构中仍然占据重要地位，而从中长期来看，煤炭将逐渐由主力能源转向托底能源。

以煤电（火电）在电源结构中的重要性为例。从建设周期来看，火电约2～3年、核电约5～7年、大型水电约7～10年，这还不包括耗时更久的前期规划、建设筹备等环节；风电、光伏的建设周期较短，仅需1～2年，但受限于自身的特性，对于电量结构的改变远远小于对于装机结构的改变。火电作为占据六成装机容量、七成发电量的主力电源，风电、光伏对其在电量结构中的替代作用在短、中期内均难有显现。尤其是占据五成装机容量、六成以上发电量的煤电，在气电、抽水蓄能增量有限的情况下，对于依赖其提供辅助调节的风电和光伏而言，其存在的必要性比消减其份额以提供市场空间更为重要。在行业前景不明的情况下，火电投资放缓成为必然，随之而来的是新增装机的减少以及存量机组利用小时的提升。另外，风电、光伏新增装机大规模并网将带来电力市场辅助服务需求的提升，结合部分地区火电容量电价的试点探索，火电的角色定位将由基核电源加速向调峰电源转变。

（2）碳排放约束下煤炭行业面临的挑战分析　中国以煤炭为主的能源结构决定了能源系统的二氧化碳排放强度较高。IEA数据显示，2018年煤电占中国化石燃料燃烧相关二氧化碳排放量的48.4%，总量上相当于美国全部化石燃料燃烧的二氧化碳排放，并高于欧盟各国总和。因此，碳达峰、碳中和目标将促进煤炭消费减量，带动煤炭生产强度下降，给煤炭行业带来严峻挑战。

第一，随着碳排放约束政策逐渐收紧，以及国际与社会舆论压力不断增大，煤炭行业将面临愈加不利的政策和投资环境，制约煤炭行业发展。

第二，新能源和可再生能源技术发展迅速，核电、风电和光伏发电等产业初具规模，且保持高强度的装机增速，发电成本不断下降，经济性不断提升，加之绿色低碳能源优势，使得煤炭行业将面临更强的竞争压力。

第三，随着清洁能源发展成为主流趋势，未来煤炭行业的投融资环境将会恶化，资金使用成本可能提高，同时将面临更大的金融风险，不利于煤炭行业相关企业的生存与发展。

（3）碳排放约束下煤炭行业面临的机遇分析　碳达峰、碳中和目标也为煤炭行业带来了转型发展的新机遇。

第一，煤炭行业有望实现减排技术的创新突破。目前煤炭行业科技创新发展十分活跃，碳达峰、碳中和目标倒逼煤炭行业改变过去几十年引进→消化→吸收→再创新的路径延续式创新模式，先进发电技术和CCUS技术有望实现重大突破，将为煤炭行业带来实现颠覆性创新的机遇，大幅实现煤炭消费的碳减排。

第二，碳达峰、碳中和目标将倒逼煤炭行业迈向更加重视生产、加工、储运、消费全过程安全性、绿色性、低碳性、经济性的发展方向，快速提升发展质量。

第三，全国碳市场的启动为煤炭行业向清洁化过渡和转型提供了新的发展机遇，将倒逼落后企业深入推进用煤效率提升、减少二氧化碳排放，同时为先进企业提供了正向财务激励。

第四，中国油、气对外依存度高，可再生能源发电具有不稳定性，因此煤炭对于能源供应和能源安全保障具有重要作用。首先，2020年中国石油对外依存度达73.5%，天然气对外依存度达43.1%，在中国对外油、气资源获取出现阻碍的情况下，煤炭资源可部分替代进口油、气原料。其次，煤炭与可再生能源具有良好的互补性，燃煤发电与可再生能源发电优化组合，可充分利用燃煤发电的稳定性，为可再生能源发电提供调峰作用。

10.2　非化石能源消费

截至2019年，中国非化石能源消费量达到7.4亿吨标准煤，占一次能源消费总量的比例为15.3%，比2010年末提高近6%，已提前实现国家提出的2020年非化石能源比重达到15%的目标。中国非化石能源的消费主要是发电，其次是热利用以及燃料等。

电力方面，截至2020年底，全国全口径发电装机容量22亿千瓦。"十三五"时期，全国全口径发电装机容量年均增长7.6%，其中非化石能源装机年均增长13.1%，占总装机容量比重从2015年底的34.8%上升至2020年底的44.8%，提升10个百分点。2020年，全国新增并网风电、太阳能发电装机容量分别为7167万千瓦和4820万千瓦，创历史新高。

目前中国已有的核电装机容量约为0.5亿千瓦，主要布局在东部沿海。按照核电发展规划，中国的沿海核电装机容量峰值大约为2亿千瓦，年发电量为1.5万亿千瓦·时。而内陆的核电发展受到地理条件、水资源保障、国家安全等多种因素限制，潜力相对有限。

有研究指出，中国水力资源已经基本开发完毕。目前已建成和即将建成的水电装机容量为4亿千瓦，年发电量为1.6万亿千瓦·时；未来可开发利用的装机容量上限预计为5亿千瓦，年发电量为2万亿千瓦·时。

由于风电、光电都属于低密度能源，对于安装空间要求较高。如果在西北部边远地区大规模发展风电、光电，将对中国能源输配系统提出极高要求。

10.2.1　工业部门非化石能源消费及占比

预计短期内工业部门一次能源直接消费中的非化石能源消费量将保持稳定，并在2030年达到峰值0.98亿吨标准煤，随着一次能源直接消费总量逐年减少，非化石能源消费量也呈现下降趋势，至2060年预计降至0.36亿吨标准煤（见图10-11）。

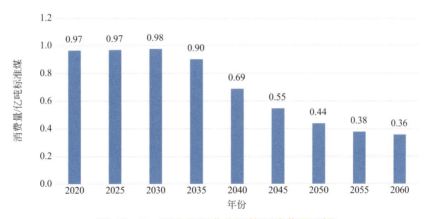

图 10-11　工业部门非化石能源消费量展望

从图 10-12 可见，非化石能源在工业部门一次能源直接消费中的占比整体上呈现上升趋势，2020 年非化石能源消费占工业部门一次能源直接消费的比重约为 6.3%，到 2060 年，非化石能源消费占比将提高到 8.6%。

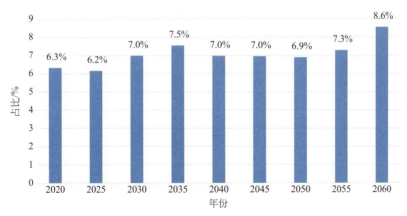

图 10-12　工业部门非化石能源消费占比展望

10.2.2　建筑部门非化石能源消费及占比

就建筑部门一次能源直接消费中的非化石能源消费而言，2020 年非化石能源消费量约为 1.34 亿吨标准煤，预计 2040 年达峰为 1.58 亿吨标准煤，2040~2050 年下降较快，2050~2060 年基本稳定在 1.0 亿吨标准煤左右（见图 10-13）。

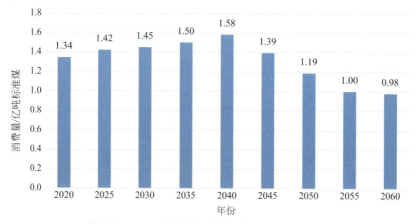

图 10-13　建筑部门非化石能源消费量展望

如图 10-14 所示，非化石能源在建筑部门一次能源直接消费中的占比呈现上升趋势，由 2020 年占比 23.0%，逐步增长到 2030 年的 26.4%、2040 年的 37.9%，最终到 2060 年非化石能源在建筑部门一次能源直接消费结构中的占比为 61.9%。

图 10-14　建筑部门非化石能源消费占比展望

10.2.3　交通部门非化石能源消费及占比

如图 10-15 所示，交通部门一次能源直接消费中的非化石能源消费量呈现逐年增长趋势，预计到 2060 年交通部门非化石能源消费量为 0.93 亿吨标准煤。

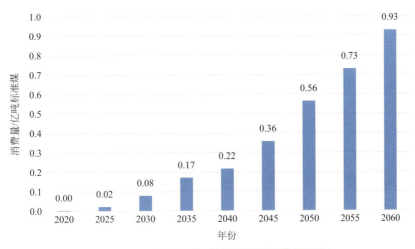

图 10-15 交通部门非化石能源消费量展望

如图 10-16 所示，非化石能源在交通部门一次能源直接消费中的占比呈现上升趋势，由 2020 年占比不到 1%，逐步增长到 2060 年的 41%。

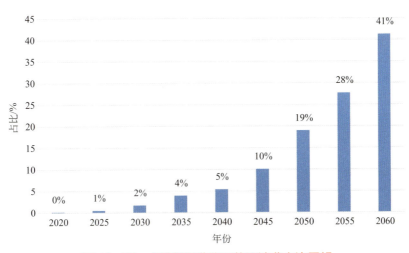

图 10-16 交通部门非化石能源消费占比展望

10.2.4 电力部门非化石能源消费及占比

预计中国发电用能中的非化石能源消费量将持续增长，从 2020 年的 7.57 亿吨标准煤增长至 2060 年的 37.77 亿吨标准煤（见图 10-17）。

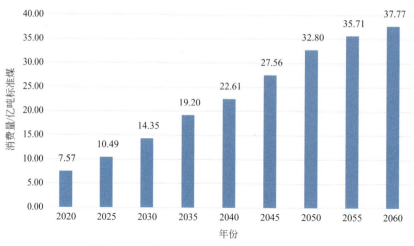

图 10-17 电力部门非化石能源消费量展望

非化石能源在电力部门能源消费中的占比呈现上升趋势，与2020年占比32.4%相比，2060年非化石能源消费占比将达到90.5%（见图10-18）。

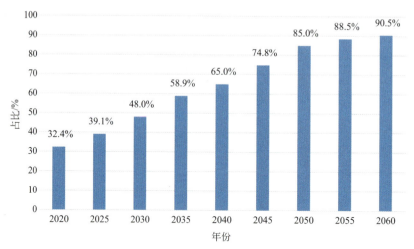

图 10-18 电力部门非化石能源消费占比展望

10.2.5 非化石能源消费总量及占比

如图10-19所示，预计中国非化石能源消费总量将在2020～2060年快速增长，从2020年的8.0亿吨标准煤增加至2060年的40.1亿吨标准煤。

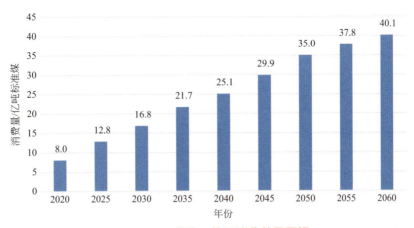

图 10-19 非化石能源消费总量展望

非化石能源在一次能源消费中的占比不断上升,与2020年相比,2060年中国非化石能源消费占一次能源消费总量的比重将由16.1%提高至80.7%(见图10-20)。

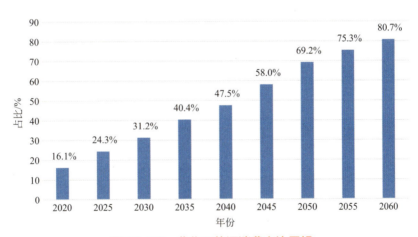

图 10-20 非化石能源消费占比展望

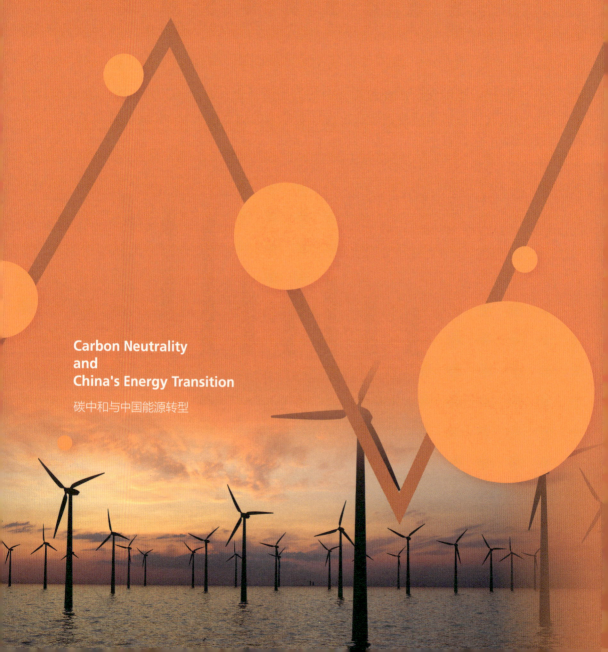

**Carbon Neutrality
and
China's Energy Transition**

碳中和与中国能源转型

第11章

区域碳中和发展评估

11.1 长三角城市零碳发展评估指标框架
11.2 长三角城市零碳发展水平评估结果
11.3 长三角城市零碳发展评估结果分析
11.4 长三角城市零碳发展评估结论

世界上绝大部分人口都集中在城市，城市消耗了全球75%的能源，排放了80%的温室气体，城市是人类实现碳达峰、碳中和目标的核心平台。中国有关碳达峰、碳中和的承诺将城市的低碳发展问题推上又一个高潮。但是，如何对一个城市的碳达峰、碳中和能力以及潜力进行综合评估，在中国尚未得出一个标准的统一范式。

但是，近十年来也有文献指出，当经济发展到一定程度，经济和环境会产生"脱钩"现象。"脱钩"这一物理学概念是由经济合作与发展组织（OECD）引入农业政策研究，而后资源环境学者又将其应用于经济与环境研究。Jorgenson和Clark指出环境危害与经济发展之间的强关系不是一成不变的，而是随不同经济发展阶段有不同的表现。之后，国内外学者开始对经济与环境的"脱钩"进行实证研究。"脱钩"的几种状态如1.3.2节所述。

为此，本章构建了零碳发展指标体系，以长三角41个城市为研究对象，展开评估分析。

11.1　长三角城市零碳发展评估指标框架

基于参考文献并考虑到数据的可得性，本章提出对于长三角城市碳达峰碳中和能力的综合评价体系——"城市零碳发展"指标体系。

首先，一个城市的经济与人口情况是影响一个城市碳排放的基本因素。人口规模是碳排放增加的主要因素之一，因此选取"（年末）常住人口"作为衡量人口规模的指标，人口规模越大，碳排放越多，故为负向指标；经济规模也是影响碳排放的重要因素，以"人均国内生产总值"作为衡量经济规模的指标，并按照已有文献中的"脱钩"情况分为两组：强脱钩组[1]和其他组。其中，强脱钩组的人均国内生产总值是正向指标，而对于其他组中的城市则是负向指标；以工业增加值占国内生产总值比重作为衡量产业结构的指标，一个城市的产业结构中工业占比越大、城

---

[1] 强脱钩组中的城市为：上海、无锡、徐州、苏州、扬州、杭州、宁波、嘉兴、金华、台州、丽水、淮北、马鞍山、铜陵。

镇化水平越高，碳排放越多，于是"工业增加值占比"和"城镇化率"是负向指标。

其次，城市零碳发展水平要考虑科技研发所产生的影响，技术进步是碳减排的关键因素。"R&D内部支出相当于国内生产总值比例"和"科技支出占财政支出比例"，分别从市场和政府两个角度衡量一个城市的科技研发强度。此外，产出能源强度，即"单位国内生产总值能耗"，可以衡量一个城市的现阶段技术水平。以上科技研发强度指标为正向指标，产出能源强度为负向指标。

再次，一个城市现阶段的碳排放水平对于达到碳中和所需要的时间也会产生重要影响。"单位国内生产总值排放"和"人均国内生产总值排放"分别从产出和消费角度衡量了城市的碳排放水平。这两个指标均为负向指标。

从次，评估一个城市的碳达峰、碳中和能力还需要考察其低碳禀赋。从三个角度考察一个城市的低碳禀赋：绿化资源、交通设施和绿色金融。绿化资源是一个城市碳减排的自然禀赋，选取"人均公园绿地面积"和"城市森林覆盖率"衡量自然低碳禀赋；交通设施影响城市居民的交通出行，交通车辆所产生的碳排放是城市碳排放的重要来源，选取"每万人拥有公共汽车（标台）数"衡量交通设施禀赋；绿色金融是金融禀赋，一个有活力的绿色金融市场可以促进城市经济的绿色转型，于是也将"绿色金融市场活力指数"纳入"城市零碳发展"指标体系。以上低碳禀赋指标均为正向指标。

最后，城市的社会环境治理努力也对碳减排有不小的作用。将环境治理分为非碳相关、碳相关环境治理和综合环境治理进行考察。具体地，使用"城市垃圾处理率"和"城市污水处理率"作为非碳相关环境治理的代理指标；使用当地政府是否有"碳达峰/中和承诺""有无低碳减排政策"和"是否为低碳试点城市"作为碳相关环境治理的代理指标；"节能环保支出占财政支出比例"则体现了当地政府对于环境治理的整体努力。以上社会环境治理指标均为正向指标。

综上，一共选取5个一级指标、14个二级指标和19个三级指标。指标列表和来源见表11-1。

表 11-1 "城市零碳发展"指标体系

一级指标	二级指标	三级指标	正向/负向指标	来源
经济与人口	经济规模	人均国内生产总值(X_1)	强脱钩+；其他-	各城市统计年鉴
	人口规模	(年末)常住人口(X_2)	-	各城市统计年鉴
	产业结构	工业增加值占比(X_3)	-	由年鉴数据计算
	城镇化水平	城镇化率(X_4)	-	由人口数据计算
科技研发	科技研发强度	R&D内部支出相当于国内生产总值比例(X_5)	+	中国城市统计年鉴（除江苏省）[1]
		科技支出占财政支出比例(X_6)	+	各城市统计年鉴
	产出能源强度	单位国内生产总值能耗(X_7)	-	由文献数据计算
碳排放	碳产出	单位国内生产总值排放(X_8)	-	由文献数据计算
	碳消费	人均国内生产总值排放(X_9)	-	由文献数据计算
低碳禀赋	绿化资源	人均公园绿地面积(X_{10})	+	各城市统计年鉴[2]
		城市森林覆盖率(X_{11})	+	城市年鉴/公报
	交通设施	每万人拥有公共汽车(标台)数(X_{12})	+	由年鉴数据计算
	绿色金融	绿色金融市场活力指数(X_{13})	+	绿金比较体系第二部分57项评分
环境治理	非碳相关	城市垃圾处理率(X_{14})	+	城市年鉴/公报
		城市污水处理率(X_{15})	+	城市年鉴/公报
	碳相关	碳达峰/中和承诺(X_{16})	+	政府公开信息

---

[1] 中国城市统计年鉴中江苏省各城市数据缺省较多，采用《江苏经济普查年鉴2018》（第二产业卷上）的企业研发情况篇所列示数据填补。

[2] 江苏省数据来源于《江苏统计年鉴（2020）》。

续表

一级指标	二级指标	三级指标	正向/负向指标	来源
环境治理	碳相关	有无低碳减排政策（X_{17}）	+	政府公开信息
		是否为低碳试点城市（X_{18}）	+	中央政府文件
	综合	节能环保支出占财政支出比例（X_{19}）	+	各城市统计年鉴

11.2 长三角城市零碳发展水平评估结果

上述指标数据均来自各城市统计年鉴和统计公报，或由公开年鉴数据计算得到。大部分数据年份为2019年，若无法获取2019年数据则由最近可获得年份数据代替（2015～2018年）。此外，非数值性指标（环境治理中的碳相关治理）使用0/1赋分处理，有"碳达峰/中和承诺"则此项观测值取1，没有取0，另两项同理。

"城市零碳发展"评分计算方式如下：

$$\text{Score}_k = \sum_{i=1}^{19} w_i [20 + 80(x_{ik} - \text{Min}\{x_{ik}\})/(\text{Max}\{x_{ik}\} - \text{Min}\{x_{ik}\})] \in [20, 100] \quad (11\text{-}1)$$

式中，k代表第k个城市；x_{ik}即第k个城市第i个指标的观测值；$\text{Min}\{x_{ik}\}$和$\text{Max}\{x_{ik}\}$分别表示第k个城市第i个指标中的最小值和最大值。城市k的综合评分Score_k是将每个指标映射到20～100（含20和100）后，按照变异系数法确定权重的加权总和。

评分权重中，"经济与人口"指标约占17%（强脱钩）和16.5%（其他），"科技研发"指标约占15%（强脱钩）和19%（其他），"碳排放"指标约占12%（强脱钩）和11%（其他），"低碳禀赋"指标约占19%（强脱钩）和16.5%（其他），"环境治理"指标约占37%（强脱钩）和37%（其他）。长三角41个城市的"零碳发展"水平得分如图11-1所示。

根据各城市的"零碳发展"评分进行排序，得到表11-2结果。按照排名前15%给予A档评级，其中70分以上的城市获得A$^+$评级，依次为杭州市、

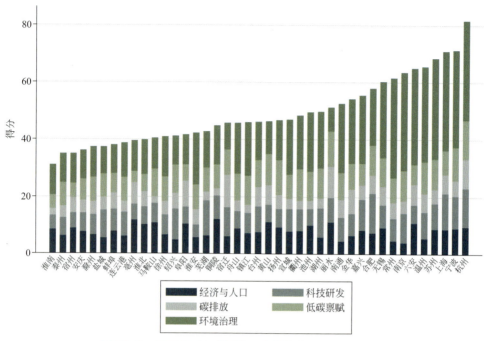

图 11-1 长三角 41 个城市一级指标得分堆积柱状图

宁波市和上海市；排名15%～70%给予B档评级，其中50分以上给予B^+评级，45分以下给予B^-评级；排名70%以后给予C档评级，其中37.5分以上给予C^+评价。

表 11-2 长三角 41 个城市零碳发展评估结果

城市	省份/直辖市	评级	组别
杭州	浙江省	A^+	强脱钩
宁波	浙江省	A^+	强脱钩
上海	上海市	A^+	强脱钩
苏州	江苏省	A	强脱钩
温州	浙江省	A	其他
六安	安徽省	A	其他
南京	江苏省	B^+	其他
常州	江苏省	B^+	其他
无锡	江苏省	B^+	强脱钩
合肥	安徽省	B^+	其他

续表

城市	省份/直辖市	评级	组别
嘉兴	浙江省	B$^+$	强脱钩
金华	浙江省	B$^+$	强脱钩
南通	江苏省	B$^+$	其他
丽水	浙江省	B$^+$	强脱钩
湖州	浙江省	B	其他
池州	安徽省	B	其他
衢州	浙江省	B	其他
宣城	安徽省	B	其他
扬州	江苏省	B	强脱钩
黄山	安徽省	B	其他
台州	浙江省	B	强脱钩
镇江	江苏省	B	其他
舟山	浙江省	B	其他
宿迁	江苏省	B	其他
铜陵	安徽省	B$^-$	强脱钩
芜湖	安徽省	B$^-$	其他
淮安	江苏省	B$^-$	其他
阜阳	安徽省	B$^-$	其他
绍兴	浙江省	C$^+$	其他
徐州	江苏省	C$^+$	强脱钩
马鞍山	安徽省	C$^+$	强脱钩
淮北	安徽省	C$^+$	强脱钩
亳州	安徽省	C$^+$	其他
连云港	江苏省	C$^+$	其他
蚌埠	安徽省	C$^+$	其他
盐城	江苏省	C	其他
滁州	安徽省	C	其他
安庆	安徽省	C	其他
宿州	安徽省	C	其他
泰州	江苏省	C	其他
淮南	安徽省	C	其他

11.3 长三角城市零碳发展评估结果分析

6个A档城市中4个属于强脱钩组，2个属于其他组；22个B档城市中7个属于强脱钩组，15个属于其他组；13个C档城市中则有3个属于强脱钩组，10个属于其他组。A、B、C三档城市群均是强脱钩及其他组城市的组合。

计算长三角41个城市在各一级指标的得分（一级指标下各三级指标得分总和），并按照强脱钩组和其他组分别进行百分位计算，再将A、B、C三档城市在5个一级指标的百分位分别做算数平均，得到各档城市在"经济与人口""科技研发""碳排放""低碳禀赋""环境治理"5个一级指标的平均百分位，如图11-2所示。

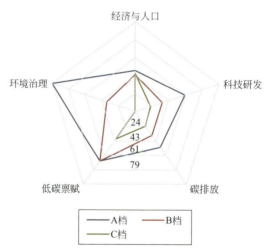

图11-2 A、B、C三档城市一级指标平均百分位

对于A档和B档城市：首先，A档城市普遍在"环境治理"一级指标居高位，平均百分位高达96.7%，而B档城市环境治理的平均百分位则只有37.4%；然后是"科技研发"指标，A档城市平均百分位为60.5%，B档城市是35.9%，差距比较显著；在"碳排放"指标上，A档城市平均百分位为50.7%，B档城市则是35.9%，存在一定差距；最后，在"低碳禀赋"和"经济与人口"指标上，A、B档城市平均百分位差距小于5%。

对于B档和C档城市：主要差距在于"环境治理"和"低碳禀赋"指标，C档城市"环境治理"指标平均百分位处于41个城市的后5%左右，"低碳禀赋"也大概处于后40%。

由此可见，在"城市零碳发展"指标的分析框架下，C档城市"零碳发展"水平的落后很大程度上是由于"环境治理"上的"后知后觉"和"低碳禀赋"上的"先天不足"，可以先从城市建设和环境政策角度着手，加强环境治理力度，增加城市绿化、森林覆盖率，完善城市公共交通设施，鼓励绿色金融市场发展。B档城市则应该继续巩固环境治理力度，同时重点关注低碳技术和"碳"治理，朝低碳绿色经济发展转型。

上海市评级为A^+。浙江省11个城市简单平均分为55.51，标准差与平均分的比值为0.223；评级分布为2个A^+、1个A、3个B^+、4个B和1个C^+，其中杭州市评级最高，绍兴市最低。江苏省13个城市简单平均分为49.13，标准差与平均分的比值为0.224；评级分布为1个A、4个B^+、3个B、1个B^-、2个C^+和2个C，苏州市评级最高，泰州市最低。安徽省16个城市的简单平均分为42.34，标准差与平均分的比值为0.199；评级分布为1个A、1个B^+、3个B、3个B^-、4个C^+和4个C，六安市评级最高，淮南市最低。

浙江省省内各城市水平较为平均且较高，3个评级为A^+的城市中前两个（杭州和宁波）都在浙江省，省内11个城市的简单算数平均分为B^+评级；江苏省省内各城市平均水平为B评级，差异比浙江省稍大；安徽省省内各城市水平差异小但平均水平较低，安徽省16个城市在长三角41个城市的评分中整体处于中后段。

由于一个省中各个城市的人口分布不同，继而各地级市的"零碳发展"水平对于全省"零碳发展"水平的重要性不同，仅仅使用各地级市的简单平均分并不能很好地体现一个省的"零碳发展"水平。接下来，按照人口加权计算了长三角三省一市的"零碳发展"评分：上海市评分为70.96分；浙江省为60.75分，显著高于简单平均分；江苏省为50.90分，略高于简单平均分；安徽省为43.27分，略低于简单平均分。

经过人口加权后，三省一市均分排名并没有发生改变，但是浙江省和江苏省分数提升，而安徽省下降。这说明，浙江省和江苏省为人口集中于"零碳发展"水平较高的城市，而安徽省则相反，为人口集中于"零碳发展"水平较低的城市。各省/直辖市"城市零碳发展"评分概况见表11-3。

表11-3 各省/直辖市"城市零碳发展"评分概况

省份/直辖市	各城市平均分	标准差/平均分	按照人口加权平均
上海市	70.96	N/A	70.96
浙江省	55.51	0.223	60.75
江苏省	49.13	0.224	50.90
安徽省	42.34	0.199	43.27

进一步选取三省一市的省会城市——上海市、杭州市、南京市和合肥市作为代表性城市进行比较分析。四个城市"零碳发展"水平最高的是浙江省杭州市，上海市第二，然后是江苏省南京市，最后是安徽省合肥市。图11-3和图11-4展示了更加详细的各一级指标得分和百分位情况。需要注意的是，杭州、上海为强脱钩组城市，在图11-4中用实线表示其在强脱钩组中的各指标百分位；南京、合肥为其他组城市，在图11-4中用虚线表示其在其他组中的各指标百分位。

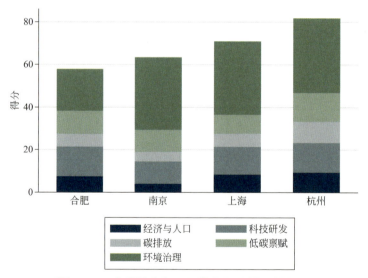

图11-3 省会城市各一级指标得分堆积柱状图

浙江省杭州市在各个指标都获得了较高的得分，尤其是"低碳禀赋"和"碳排放"两个指标在四个省会城市中极具竞争力。更详细地，杭州市拥有

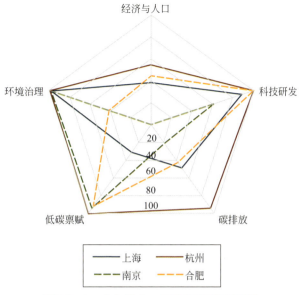

图 11-4 省会城市一级指标平均百分位

良好的绿化资源和绿色金融禀赋,森林覆盖率和绿色金融市场活力都显著高于排名第二且同为强脱钩组的上海市。杭州市"零碳发展"水平位居四个省会城市首位,但总体看来,杭州市在"经济与人口"方面还有较大的提升空间,产业结构有待进一步改善提升。

排名第二的上海市虽然"低碳禀赋"中的绿化资源禀赋较差,城市人均公园绿地面积、森林覆盖率显著低于另外三个城市,且绿色金融市场活力优势不够突出;但是"科技研发"中的科技研发强度较强势,社会R&D内部支出相当于国内生产总值比例在所有41个城市中位列第一。巨大的科技投入在很大程度上弥补了自然资源的劣势。此外,与杭州市相比,上海市"碳排放"指标仍有较大提升空间,这可以部分归因于上海市长期以来高能源投入、高经济产出的能源利用模式以及大量人口带来的巨大碳排放。

属于其他组的江苏省南京市尚在环境库兹涅茨曲线的左侧,较高的人均国内生产总值使得南京市"零碳发展"水平在"经济与人口"指标的评分较低。在"科技研发"指标上,"R&D内部支出相当于国内生产总值比例"和"科技支出占财政支出比例"较另外三市也较为落后,有进一步提升的空间。在"碳排放"指标上,无论是产出端还是消费端,南京市碳排放均高于另外三个城市。在"环境治理"和"低碳禀赋"指标上,南京市则有微弱的优势。

安徽省合肥市是四个省会城市中唯一没有碳达峰/中和承诺的城市,体现为"环境治理"指标的落后。这也直接导致了合肥市"零碳发展"水平位列四个省会城市末位。

强脱钩组城市由杭州市、宁波市、上海市、苏州市、无锡市、嘉兴市、金华市、丽水市、扬州市、台州市、铜陵市、徐州市、马鞍山市和淮北市,共14个城市组成,各一级指标得分情况如图11-5所示。

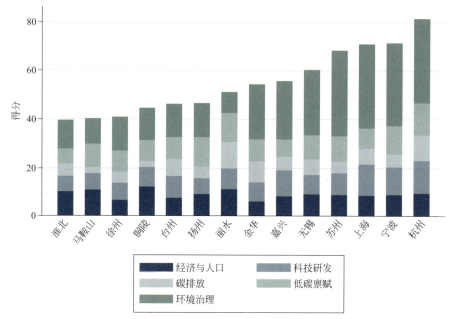

图 11-5　强脱钩组城市各一级指标得分堆积柱状图

14个城市之间,"环境治理"存在较大差距,"碳排放"存在一定差距,"经济与人口"和"低碳禀赋"差距不明显。

排名前五的城市均有碳达峰/中和承诺,且除无锡外均是国家低碳试点城市,同时这些城市"经济与人口"得分相似,它们大多拥有较强的经济实力,经济发展依赖工业的程度也较小。但是,由于其常住人口规模较大、城镇化率较高,"经济与人口"评分在一定程度上被中和。出于正相反的理由,排名靠后的几个依赖于工业发展经济的城市,得益于较为稀疏的人口和较低的城镇化率,其"经济与人口"评分同样受到中和。

其他组城市由剩下的27个城市组成，各一级指标得分情况如图11-6所示。

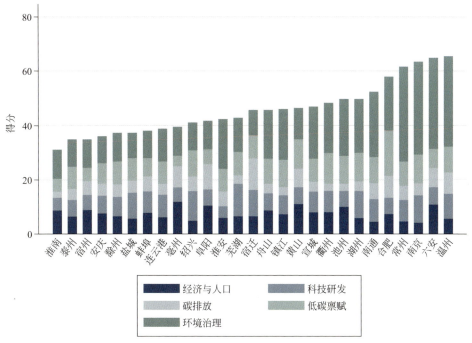

图 11-6　其他组城市各一级指标得分堆积柱状图

其他组城市和强脱钩组城市呈现出相似的趋势："环境治理"差距较大，"低碳禀赋"差距不明显。值得注意的是，其他组城市在"科技研发"呈现出了更大的差异。排名前五的城市与靠后的城市相对特征也与强脱钩组内大体相似，只是由于人均国内生产总值为负向指标，这些城市的人均国内生产总值在组内相对较低。

综合强脱钩组和其他组在各一级指标的得分差异，可以发现：当一个城市的经济增长与碳排放实现强脱钩前，城市与城市间的"科技研发"存在较大的差距，"科技研发"对于一个城市的"零碳发展"水平产生了较大的贡献率。但当一个城市的经济增长已经实现与碳排放的脱钩，城市与城市间的总体"经济与人口"情况则比较相似，相应地，对于"零碳发展"水平的贡献率就更低。

然而，不同城市实现经济增长与碳排放强脱钩的路径不同。以上海为代表的城市，采用"先发展，后治理"路径，而以杭州为代表的城市则注重改善城市能源结构，采用"经济发展与环境治理并重"路径。于是，"碳排放"指标的变异程度并没有因为城市经济发展进入"强脱钩"阶段而下降，对于长三角城市的"零碳发展"水平仍保持一定的贡献率。

最后，不管是处在强脱钩前阶段，还是强脱钩阶段，一个城市的"环境治理"努力对于"零碳发展"水平都有不小的贡献。

11.4　长三角城市零碳发展评估结论

一是长三角41个城市"零碳发展"水平差异总体上较为显著。从评级划档角度看，获得A档评分的城市与B档评分的城市在"环境治理"和"科技研发"表现出比较显著的差异，在"碳排放"指标上也表现出一定的差距；B档城市则与C档城市在"环境治理"和"低碳禀赋"表现出比较显著的差异。基于此，要提高"城市零碳发展"水平，C档城市可以先从城市建设和环境政策角度着手；B档城市则应当继续巩固加强环境治理力度，同时重点关注低碳技术和"碳"治理，朝低碳绿色经济发展转型；A档城市应当在保持优势的情况下，继续推进低碳城市各方面建设。

二是从省际角度看，长三角三省一市"零碳发展"水平排序依次为上海市、浙江省、江苏省和安徽省。浙江省和江苏省省内差异较大，但是浙江省高分城市（如杭州市、宁波市）表现极为突出；安徽省城市普遍处于41个城市中后段。此外，浙江省和江苏省人口集中于"零碳发展"水平较高的城市，而安徽省人口则集中于"零碳发展"水平较低的城市。

总体上，强脱钩组与其他组城市"零碳发展"水平分数构成呈现出一定的差异性。当一个城市的经济增长尚未与碳排放脱钩时，"科技研发"对于一个城市的"零碳发展"水平有较大的贡献率；当一个城市的经济增长已经实现与碳排放脱钩时，很自然地，"经济与人口"情况趋于相似，于是对于"零碳发展"水平的贡献率更低。值得注意的是，由于各个城市的经济增长与碳排放强脱钩路径不同（如上海与杭州），"碳排放"指标的差距并没有随着城市进入强脱钩阶段而缩小，于是"碳排放"指标对于"城市零碳发展"水平的贡献率没有下降。不论是在强脱钩阶段还是其他阶段，社会"环境治理"努力对于一个城市"零碳发展"水平都有不小的贡献。

综上所述，长三角各地区城市在"城市零碳发展"指标体系下，有各自的优势与劣势。一些城市在"科技研发"上具有相对优势；一些城市先天具有良好的绿化条件或者后天"绿色金融"市场蓬勃发展，因而形成"低碳禀赋"优势；还有一些城市采取了有效的"环境治理"。如果能够在长三角区域内使各种要素有机结合，在技术、资源、政策方面相互扶持、学习，实现长三角区域内协同配合，长三角地区有望加速实现碳中和。

参考文献 REFERENCES

[1] Ajmi A N, Hammoudeh S, Nguyen D K. On the relationships between CO_2 emissions, energy consumption and income: The importance of time variation[J]. Energy Economics, 2015, 49: 629-638.

[2] BP. Statistical Review of World Energy 2021. [EB/OL].

[3] Ehrlich P R, Holdrens J P. The Impact of Population Growth[J]. Science, 1971: 1212-1217.

[4] European Commission. Energy roadmap 2050[R]. Publications Office of the European Union, 2012.

[5] Fan H, Peng Y, Wang H, Xu Z. Greening through finance?[J] Journal of Development Economics, 2021: 152.

[6] Fan Y, Xia Y. Exploring energy consumption and demand in China[J]. Energy, 2012, 40:23-30.

[7] Finance in Common. Joint declaration of all public development banks in the world[R]. 2020.

[8] IEA. Roadmap-Low-Carbon Transition in the Cement Industry[EB/OL].

[9] IEA. World Energy Outlook 2019[R]. Paris: IEA,2019.

[10] IEA. Climate Resilience Policy Indicator, IEA, Paris[EB/OL].

[11] IEA. World Energy Review 2020[R]. Paris: IEA,2020.

[12] IEEJ. IEEJ Outlook 2019[R]. Tokyo: IEEJ, 2018.

[13] Investing in the SDGs: an action plan[R]. United Nations, 2014.

[14] SachsJ D, Woo W T, et al. Book Review of Handbook of Green Finance[M]. Springer Singapore, 2019.

[15] Andrew J, Brett C. Are the Economy and the Environment Decoupling? A Comparative International Study, 1960-2005[J]. American Journal of Sociology, 118: 1-44.

[16] Li K, Lin B. Impacts of urbanization and industrialization on energy consumption/CO_2 emissions: Does the level of development matter[J]. Renewable & Sustainable Energy Reviews,

2015, 52: 1107-1122.

[17]Monasterolo I, Roventinib A, Foxon T J. Uncertainty of climate policies and implications for economics and finance: an evolutionary economics approach[J]. Ecological Economics, 2019, 163: 177-182.

[18]Muhammad B. Energy consumption, CO_2 emissions and economic growth in developed, emerging and Middle East and North Africa countries[J]. Energy, 2019, 179: 232-245.

[19]Munir Q, Lean H H, Smyth R. CO_2 emissions, energy consumption and economic growth in the ASEAN-5 countries: A cross-sectional dependence approach[J]. Energy Economics, 2020, 85.

[20]Nasreen S, Anwar S. Causal relationship between trade openness, economic growth and energy consumption: A panel data analysis of Asian countries[J]. Energy Policy, 2014, 69(2): 82-91.

[21]NGFS first progress report. Network for Greening the Financial System (NGFS)[R]. 2018.

[22]Nordhaus W D, Andrew M.A Survey of Global Impacts of Climate Change: Replication, Survey Methods, and a Statistical Analysis[R]. NBER Working Papers 23646, National Bureau of Economic Research, Inc. 2017.

[23]Nordhaus W D. Lethal Model 2: The Limits to Growth Revisited[J]. Brookings Papers on Economic Activity, 1992, 23(2): 1-60.

[24]Pacala S W, Socolow R H. Stabilization Wedges: Solving the Climate Problem for the Next 50 Years with Current Technologies[J]. Science, 2004, 305(5686): 968-972.

[25]Bhandary R R, Gallagher K S, Zhang F. Climate finance policy in practice: a review of the evidence[J]. Climate Policy, 2021, 21(4): 529-545.

[26]Rockstrom J, Gaffney O, Rogelj J, et al. A roadmap for rapid decarbonization[J]. Science, 2017, 355(6331): 1269-1271.

[27]Rogelj J, Luderer G, Pietzcker R C, et al. Energy system transformations for limiting end-of-century warming to below 1.5℃[J]. Nature Climate Change, 2015, 5(6): 519-527.

[28]Saveyn B, Paroussos L, Ciscar J. Economic analysis of a low carbon path to 2050: a case for China, India and Japan[J]. Energy Economics, 2012(34): 451-458.

[29]Sun J, Wang F, Yin H, Zhang B. Money Talks: The Environmental Impact of China's Green Credit Policy[J]. Journal of Policy Analysis and Management, 2019, 38(3): 653-680.

[30]United Nations Department of Economic and Social Affairs Population Dynamics, World Population Prospects 2019[OL].

[31]Bremer T, Ploeg F. The Risk-Adjusted Carbon Price[J]. American Economic Review, 2021, 111(9): 2782-2810.

[32]Wang C, Engels A, Wang Z, et al. Overview of research on China's transition to low-carbon development: The role of cities, technologies, industries and the energy system[J]. Renewable &

Sustainable Energy Reviews, 2018: 1350-1364.

[33] Wang K, Wang C, Chen J. Analysis of the economic impact of different Chinese climate policy options based on a CGE model incorporating endogenous technological change[J]. Energy Policy, 2009, 37(8): 2930-2940.

[34] Zhang H, Lahr M L. China's energy consumption change from 1987 to 2007: a multi-regional structural decomposition analysis[J]. Energy Policy, 2014, 67: 682-693.

[35] Zhang K, Li Y, Qi Y, et al. Can green credit policy improve environmental quality? Evidence from China[J]. Journal of Environmental Management, 2021: 298.

[36] Zhang X, Hassen S. Household fuel choice in urban China: Evidence from panel data[J]. Environment and Development Economics, 2017, 22: 1-22.

[37] Zhou N, Lu H, Khanna N, et al. China Energy Outlook: Understanding China's Energy and Emissions Trends[M]. Berkeley, CA: Lawrence Berkeley National Laboratory, 2020.

[38] 白玫. 中国水泥工业碳达峰、碳中和实现路径研究[J]. 价格理论与实践, 2021(04): 4-11+53.

[39] 北京理工大学能源与环境政策研究中心. 中国碳市场回顾与展望（2022）[R]. 2022.

[40] 毕清华, 范英, 蔡圣华, 等. 基于CDECGE模型的中国能源需求情景分析[J]. 中国人口·资源与环境, 2013, 23(01): 41-48.

[41] 蔡博峰, 曹丽斌, 雷宇, 等. 中国碳中和目标下的二氧化碳排放路径[J]. 中国人口·资源与环境, 2021, 31(01): 7-14.

[42] 曾诗鸿, 李根, 翁智雄, 等. 面向碳达峰与碳中和目标的中国能源转型路径研究[J]. 环境保护, 2021, 49(16): 26-29.

[43] 陈浮, 于昊辰, 卞正富, 等. 碳中和愿景下煤炭行业发展的危机与应对[J]. 煤炭学报, 2021, 46(06): 1808-1820.

[44] 陈皓勇. 碳中和目标下的电力系统和电力市场转型[J]. 中国电力企业管理, 2020(28): 19-23.

[45] 陈诗一, 陈登科. 中国资源配置效率动态演化——纳入能源要素的新视角[J]. 中国社会科学, 2017(04): 67-83+206-207.

[46] 陈诗一, 黄明, 宾晖. "双碳"目标下全国碳交易市场持续发展的制度优化[J]. 财经智库, 2021, 6(04): 88-101+142-143.

[47] 陈诗一, 李志青. 绿色金融概论[M]. 上海: 复旦大学出版社, 2019.

[48] 陈诗一. 绿色金融助力长三角一体化发展[J]. 环境经济研究, 2019(01): 1-7.

[49] 陈向国. 钢铁行业力争在"十四五"期间提前碳达峰[J]. 节能与环保, 2021(04): 24-26.

[50] 戴方钦, 刘婷, 郭悦, 等. 钢铁行业碳达峰碳中和行动方案介绍[J]. 工业安全与环保, 2021, 47(S1): 25-29.

[51] 戴彦德, 胡秀莲, 等. 中国二氧化碳减排技术潜力和成本研究 [M]. 北京: 中国环境出版社, 2013.

[52] 戴彦德, 康艳兵, 熊小平, 等. 2050 中国能源和碳排放情景暨能源转型与低碳发展路线图 [M]. 北京: 中国环境出版社, 2017.

[53] 戴彦德, 吴凡. 基于低碳转型的宏观经济情景模拟与减排策略 [J]. 北京理工大学学报(社会科学版), 2017, 19(02): 1-8.

[54] 戴彦德, 朱跃中, 白泉. 中国 2050 年低碳发展之路——能源需求暨碳排放情景分析 [J]. 经济研究参考, 2010(26): 2-22+33.

[55] 范德成, 王韶华, 张伟. 低碳经济目标下一次能源消费结构影响因素分析 [J]. 资源科学, 2012, 34(4): 696-703.

[56] 方行明, 何春丽, 张蓓. 世界能源演进路径与中国能源结构的转型 [J]. 政治经济学评论, 2019, 10(02): 178-201.

[57] 复旦大学绿色金融研究中心. 长三角 41 城市绿色金融竞争力分析（2020）[R]. 2021.

[58] 高建军, 齐渊洪, 严定鎏, 等. 中国低碳炼铁技术的发展路径与关键技术问题 [J]. 中国冶金, 2021, 31(09): 64-72.

[59] 高盛研究部. 碳经济学: 中国走向净零碳排放之路 [R]. 2021.

[60] 高长明. 水泥工业碳中和的模拟推演与研讨 [J]. 中国水泥, 2021(04): 16-21.

[61] 郭伟, 唐人虎. 2060 碳中和目标下的电力行业 [J]. 能源, 2020(11): 19-26.

[62] 国际能源署. 中国能源系统碳中和路线图 [R]. 2021.

[63] 国家发改委能源交通司. 中国能源问题面临三大挑战 [OL].

[64] 国家发改委能源研究所"重塑能源"课题组, 戴彦德, 田智宇, 朱跃中, 白泉, 杨宏伟. 重塑能源: 面向 2050 年的中国能源消费和生产革命路线图 [J]. 经济研究参考, 2016(21): 3-14.

[65] 胡鞍钢. 中国实现 2030 年前碳达峰目标及主要途径 [J]. 北京工业大学学报(社会科学版), 2021, 21(03): 1-15.

[66] 胡秀莲, 姜克隽, 等. 中国温室气体减排技术选择及对策评价 [M]. 北京: 中国环境科学出版社, 2001.

[67] 胡秀莲, 苗韧. 对 IPCC 第五次评估报告部门减排路径和措施评估结果的解读 [J]. 气候变化研究进展, 2014, 10(05): 331-339.

[68] 华经产业研究院. 2020-2025 年中国再生铝行业竞争格局分析及投资战略咨询报告 [R]. 2020.

[69] 黄晶, 孙新章, 张贤. 中国碳中和技术体系的构建与展望 [J]. 中国人口·资源与环境, 2021, 31(09): 24-28.

[70] 黄全胜, 王靖添, 闫琰, 宋媛媛. 交通运输节能低碳的潜力分析及资金策略 [M]. 北京: 人民交通出版社, 2019.

[71] IPCC. 气候变化 2014: 综合报告. 政府间气候变化专门委员会第五次评估报告第一工作

组、第二工作组和第三工作组报告 [R]. 瑞士：日内瓦，2014.

[72] IPCC. 全球温控 1.5℃特别报告 [R]. 瑞士：日内瓦，2018.

[73] IPCC. 气候变化 2022：影响、适应和脆弱性. 政府间气候变化专门委员会第六次评估报告第二工作组报告 [R]. 瑞士：日内瓦，2022.

[74] IPCC. 气候变化 2007：综合报告. 政府间气候变化专门委员会第四次评估报告第一工作组、第二工作组和第三工作组报告 [R]. 瑞士：日内瓦，2007.

[75] 江亿，胡姗. 中国建筑部门实现碳中和的路径 [J]. 暖通空调，2021, 51(05): 1-13.

[76] 姜大霖，程浩. 中长期中国煤炭消费预测和展望 [J]. 煤炭经济研究，2020, 40(07): 16-21.

[77] 姜大霖. 中国中长期能源低碳转型路径的综合比较研究 [J]. 煤炭经济研究，2020, 40(11): 38-43.

[78] 姜克隽，胡秀莲，庄幸，等. 中国 2050 年低碳情景和低碳发展之路 [J]. 中外能源，2009, 14(06): 1-7.

[79] 姜克隽，向翩翩，贺晨旻，等. 零碳电力对中国工业部门布局影响分析 [J]. 全球能源互联网，2021, 4(01): 5-11.

[80] 姜克隽，姜克隽. 2060 碳中和目标下企业需主动转型，避免淘汰 [J]. 可持续发展经济导刊，2020(11): 12-14.

[81] 姜巍，高卫东. 中国能源消费增长特征及影响因素分析 [J]. 世界地理研究，2013, 22(03): 160-168.

[82] 界面新闻，李稻葵：2035 年中国将稳稳进入世界发达国家行列 [OL].

[83] 金晨，任大伟，肖晋宇，等. 支撑碳中和目标的电力系统源 - 网 - 储灵活性资源优化规划 [J]. 中国电力，2021, 54(08): 164-174.

[84] 李琛，董诗婕. 碳达峰碳中和背景下水泥行业结构调整之路 [J]. 中国水泥，2021(09): 10-15.

[85] 李琛. 水泥行业碳达峰碳中和的机遇与挑战 [J]. 中国水泥，2021(05): 40-43.

[86] 李风雷，尹璐，赵吉，等. 以能源转型推进"碳中和"的北欧经验借鉴与中国方案初探 [J]. 可再生能源，2021, 39(10): 1308-1313.

[87] 李晖，刘栋，姚丹阳. 面向碳达峰碳中和目标的我国电力系统发展研判 [J]. 中国电机工程学报，2021, 41(18): 6245-6259.

[88] 李惠民，童晶晶. 中国建筑部门碳排放的区域差异及其碳中和路径选择 [J]. 环境保护，2021, 49(Z2): 23-29.

[89] 李晋，蔡闻佳，王灿，陈艺丹. 碳中和愿景下中国电力部门的生物质能源技术部署战略研究 [J]. 中国环境管理，2021, 13(01): 59-64.

[90] 李娜，杨景胜，陈嘉茹. "双碳"背景下能源行业的机遇和挑战 [J]. 中国国土资源经济，2021, 34(12): 63-69.

[91] 李政，张东杰，潘玲颖，李天骄，等. "双碳"目标下我国能源低碳转型路径及建议 [J]. 动力工程学报，2021, 41(11): 905-909+971.

[92] 林伯强, 李江龙. 环境治理约束下的中国能源结构转变——基于煤炭和二氧化碳峰值的分析[J]. 中国社会科学, 2015(09): 84-107+205.

[93] 林伯强, 吴微. 中国现阶段经济发展中的煤炭需求[J]. 中国社会科学, 2018(02): 141-161+207-208.

[94] 林震, 冯宗宪, 张中祥, 等. 碳达峰与碳中和：应对全球气候变化的中国行动[J]. 探索与争鸣, 2021(09): 4+177.

[95] 刘俊伶, 王克, 夏侯沁蕊, 等. 城镇化背景下中国长期低碳转型路径研究[J]. 气候变化研究进展, 2020, 16(03): 355-366.

[96] 刘萍, 杨卫华, 张建, 等. 碳中和目标下的减排技术研究进展[J]. 现代化工, 2021, 41(06): 6-10.

[97] 刘强, 姜克隽, 胡秀莲. 中国能源领域低碳技术发展路线图[J]. 气候变化研究进展, 2010, 6(05): 370-375.

[98] 刘晓龙, 崔磊磊, 李彬, 等. 碳中和目标下中国能源高质量发展路径研究[J]. 北京理工大学学报(社会科学版), 2021, 23(03): 1-8.

[99] 刘亚德. 碳中和愿景下的国内电解铝布局趋势分析[J]. 轻金属, 2021(04): 1-4.

[100] 刘自敏, 崔志伟, 朱朋虎, 等. 中国电力消费的动态时空特征及其驱动因素[J]. 中国人口·资源与环境, 2019, 29(11): 20-29.

[101] 鲁成钢, 莫菲菲, 陈坤. 主要国家碳达峰、碳中和比较分析[J]. 环境保护, 2021, 49(Z2): 89-93.

[102] 落基山研究所. 零碳中国绿色投资[R]. 2021.

[103] 落山基研究所. 电力增长零碳化（2020—2030）：中国实现碳中和的必经之路[R]. 2021.

[104] 绿色和平, 中国煤化工行业"十三五"期间碳排放量估算研究[R]. 2017.

[105] 马骏. 碳中和愿景下的绿色金融路线图[J]. 中国金融, 2021(20): 12-14.

[106] 马丽梅, 史丹, 裴庆冰. 中国能源低碳转型(2015—2050)：可再生能源发展与可行路径[J]. 中国人口·资源与环境, 2018, 28(02): 8-18.

[107] 麦肯锡, "中国加速迈向碳中和"煤化工篇：煤化工行业碳减排路径[OL].

[108] 能源转型委员会. 中国2050：一个全面实现现代化国家的零碳图景[R]. 2019.

[109] 前瞻产业研究院. 中国甲醇行业市场调研与投资预测分析报告[R]. 2022.

[110] 钱立华, 方琦, 鲁政委. 碳减排支持工具发展与融资[J]. 中国金融, 2021(18): 62-63.

[111] 清华大学建筑节能研究中心. 中国建筑节能年度发展研究报告2021（城镇住宅专题）[M]. 北京: 中国建筑工业出版社, 2021.

[112] 清华大学气候变化与可持续发展研究院等. 中国长期低碳发展战略与转型路径研究[M]. 北京: 中国环境出版社, 2021.

[113] 屈博, 刘畅, 李德智, 等. "碳中和"目标下的电能替代发展战略研究[J]. 电力需求侧管

理，2021, 23(02): 1-3+9.

[114] 全球能源互联网发展合作组织. 中国 2060 年前碳中和研究报告 [R]. 2020.

[115] 上官方钦，刘正东，殷瑞钰. 钢铁行业"碳达峰""碳中和"实施路径研究 [J]. 中国冶金，2021, 31(09): 15-20.

[116] 沈佳林，张琦，向婷. 中国钢铁行业低碳发展趋势及路径选择 [J]. 冶金经济与管理，2021(05): 26-29.

[117] 石莹，朱永彬，王铮. 成本最优与减排约束下中国能源结构演化路径 [J]. 管理科学学报，2015, 18(10): 26-37.

[118] 史丹. 中国对能源转型的引领、风险演化及应对思路 [J]. 中国能源，2017, 39(11): 19-23.

[119] 世界资源研究所. 零碳之路："十四五"开启中国绿色发展新篇章 [R]. 2020.

[120] 舒印彪，张丽英，张运洲，等. 我国电力碳达峰、碳中和路径研究 [J]. 中国工程科学，2021, 23(06): 1-14.

[121] 孙旭东，张蕾欣，张博. 碳中和背景下我国煤炭行业的发展与转型研究 [J]. 中国矿业，2021, 30(02): 1-6.

[122] 谭章禄，陈晓. 基于 ISM 模型的我国能源需求影响因素研究 [J]. 工业技术经济，2015, 34(06): 74-81.

[123] 唐葆君，李茹. 可再生能源成本下降对电力行业碳达峰与碳中和的影响 [J]. 企业经济，2021, 40(08): 53-63.

[124] 唐方方. 气候变化与碳交易 [M]. 北京：北京大学出版社，2012: 10-11.

[125] 陶成成. 安徽省地级市经济发展路径思考——基于碳排放脱钩的视角 [J]. 重庆文理学院学报(社会科学版)，2016, 35(05): 138-142.

[126] 屠红洲. 长三角地区能源消费碳排放与经济增长关系的实证研究 [D]. 上海：华东师范大学，2018.

[127] 王灿，张雅欣. 碳中和愿景的实现路径与政策体系 [J]. 中国环境管理，2020, 12(06): 58-64.

[128] 王广，张宏强，苏步新，等. 我国钢铁工业碳排放现状与降碳展望 [J]. 化工矿物与加工，2021, 50(12): 55-64.

[129] 王克，刘芳名，尹明健，等. 1.5℃温升目标下中国碳排放路径研究 [J]. 气候变化研究进展，2021, 17(01): 7-17.

[130] 王利宁，彭天铎，向征艰，等. 碳中和目标下中国能源转型路径分析 [J]. 国际石油经济，2021, 29(01): 2-8.

[131] 王永中. 碳达峰、碳中和目标与中国的新能源革命 [J]. 人民论坛·学术前沿，2021, 222(14): 88-96.

[132] 吴兑. 温室气体与温室效应 [M]. 北京：气象出版社，2003.

[133] 吴郧，余碧莹，邹颖，等. 碳中和愿景下电力部门低碳转型路径研究 [J]. 中国环境管理，2021, 13(03): 48-55.

[134] 项目综合报告编写组.《中国长期低碳发展战略与转型路径研究》综合报告 [J]. 中国人口·资源与环境，2020, 30(11): 1-25.

[135] 熊超，李新创，李冰. 双碳目标下的钢铁节能理念创新与能源结构重塑探讨 [J]. 中国冶金，2021, 31(09): 59-63.

[136] 徐伟，倪江波，孙德宇，等. 我国建筑碳达峰与碳中和目标分解与路径辨析 [J]. 建筑科学，2021, 37(10): 1-8+23.

[137] 薛露露，靳雅娜，禹如杰，等. 中国道路交通 2050 年"净零"排放路径研究 [R]. 世界资源研究所，2019.

[138] 薛明，卢明霞，张晓飞，等. 碳达峰、碳中和目标下油气行业绿色低碳发展建议 [J]. 环境保护，2021, 49(Z2): 30-32.

[139] 杨帆，张晶杰. 碳达峰碳中和目标下我国电力行业低碳发展现状与展望 [J]. 环境保护，2021, 49(Z2): 9-14.

[140] 余碧莹，赵光普，安润颖，等. 碳中和目标下中国碳排放路径研究 [J]. 北京理工大学学报 (社会科学版)，2021, 23(02): 17-24.

[141] 张龙强，陈剑. 钢铁工业实现"碳达峰"探讨及减碳建议 [J]. 中国冶金，2021, 31(09): 21-25+52.

[142] 张时聪，王珂，杨芯岩，等. 建筑部门碳达峰碳中和排放控制目标研究 [J]. 建筑科学，2021, 37(08): 189-198.

[143] 张贤，郭偲悦，孔慧，等. 碳中和愿景的科技需求与技术路径 [J]. 中国环境管理，2021, 13(01): 65-70.

[144] 张运洲，张宁，代红才，等. 中国电力系统低碳发展分析模型构建与转型路径比较 [J]. 中国电力，2021, 54(03): 1-11.

[145] 中国电力新闻网，9 个数据看懂 2021 中国能源 [OL].

[146] 中国建筑材料联合会. 中国建筑材料工业碳排放报告（2020 年度）[EB/OL].

[147] 中国建筑材料联合会. 推进建筑材料行业碳达峰、碳中和行动倡议书 [J]. 中国建材，2021(02): 21-23.

[148] 中国能源模型论坛·中国 2050 低排放发展战略研究项目组. 中国 2050 低排放发展战略研究：模型方法及应用 [M]. 北京：中国环境出版社，2021.

[149] 中国能源研究会. 中国能源发展报告 [R]. 2021.

[150] 中华人民共和国工业和信息化部. 2020 年重点用能行业能效"领跑者"经验分享之六：水泥行业能效"领跑者"实践经验 [OL].

[151] 中华人民共和国工业和信息化部. 2020 年重点用能行业能效"领跑者"经验分享之三：

电解铝行业能效"领跑者"实践经验 [OL].

[152] 中华人民共和国工业和信息化部. 2020 年重点用能行业能效"领跑者"经验分享之四：铜冶炼行业能效"领跑者"实践经验 [OL].

[153] 中华人民共和国工业和信息化部. 2020 年重点用能行业能效"领跑者"经验分享之五：铅冶炼行业能效"领跑者"实践经验 [OL].

[154] 中华人民共和国工业和信息化部. 2020 年重点用能行业能效"领跑者"经验分享之一：钢铁行业能效"领跑者"实践经验 [OL].

[155] 中华人民共和国国家统计局. 中国统计年鉴 [M]. 北京：中国统计出版社，2021.

[156] 周淑慧，王军，梁严. 碳中和背景下中国"十四五"天然气行业发展 [J]. 天然气工业，2021,41(02): 171-182.

[157] 朱婧，刘学敏，姚娜. 低碳城市评价指标体系研究进展 [J]. 经济研究参考，2013(14): 18-28+37.

[158] 庄贵阳. 我国实现"双碳"目标面临的挑战及对策 [J]. 人民论坛，2021(18): 50-53.

[159] （美）威廉·诺德豪斯. 气候赌场：全球变暖的风险、不确定性与经济学 [M]. 梁小民，译. 上海：东方出版中心，2019.

[160] 21 世纪经济报道，李新创：低碳发展加速提升电炉钢比例，2025 年中国废钢资源产生量将超 3.4 亿吨 [OL].